Max Bolliger
Der Drache und der Hase

DER DRACHE UND DER HASE

Fabeln ganz neu erzählt
von Max Bolliger

Mit Bildern
von Andreas Röckener

Otto Maier Ravensburg

Inhalt

I
FABELN
VON WICHTIGTUERN
UND VON SCHWACHEN
UND STARKEN

Der aufgeblasene Frosch

In einem Teich lebte ein Frosch, der sich besser vorkam als alle anderen Frösche. Er ließ keine Gelegenheit vorübergehen, ohne sich aufzublähen und wichtig zu machen.
„Ich bin der Größte", pflegte er ständig zu quaken.
Er merkte nicht, daß seine Kameraden und Kameradinnen ihm aus dem Wege gingen oder über ihn lachten.
Eines Tages weidete ein Ochse auf der Wiese.
Da sagte ein kleiner Frosch, der noch nie ein so großes Tier gesehen hatte:
„Nun weiß ich endlich, daß du nicht der Größte bist. Schau dir den Ochsen an."
In meiner runzligen Haut ist noch viel Platz, dachte der Frosch und sagte: „Wenn ich will, bin ich genauso groß."
Er begann sich aufzublähen und wurde dabei tatsächlich ein wenig größer.
„Was meinst du", fragte er den kleinen Frosch, „bin ich nun so groß wie der Ochse?"
„Nein, noch lange nicht."
„Und wie ist es jetzt?" fragte er und versuchte nochmals, seinen Körper mit Luft zu füllen.
Der kleine Frosch staunte, aber als er den Ochsen betrachtete, meinte er unschuldig:
„Nein, kein Vergleich."
Da blies sich der Frosch zum drittenmal auf und platzte.
Am Weiher trauerte ihm niemand nach. Der Ochse aber ging in Ruhe seiner Wege und wußte von allem nichts.

Der Löwe und die Mücke

Eine Mücke umschwirrte den Kopf eines Löwen und wäre gern mit ihm ins Gespäch gekommen.

„Ich bin stärker als du", sagte sie.

Der Löwe hatte keine Lust, sich mit einer Mücke zu unterhalten.

„Glaubst du etwa, ich fürchte mich vor deinen Pranken oder vor deinen Zähnen?"

„Mach dich davon und laß mich in Frieden", knurrte der Löwe.

Doch die Mücke ließ nicht locker.

„Laß uns zusammen kämpfen", sagte sie und gab mit ihrem Gesumme das Zeichen zum Angriff. „Wenn es mir nicht gelingt, dir weh zu tun, gebe ich mich geschlagen."

Als sie sich ins Ohr des Löwen setzte, erwachte er endlich aus seiner Ruhe und versuchte, sie mit seinen Vorderpranken zu vertreiben.

Doch die Mücke hatte sein Ohr längst wieder verlassen und stach ihn mitten auf die Nase.

„Au", schrie der Löwe.

„Ich habe gewonnen", sagte die Mücke und flog davon.

In ihrem Stolz merkte sie nicht, daß sie in das Netz einer Spinne geriet und sich darin verwickelte.

Als sich die Spinne auf sie stürzte, schrie die Mücke:

„Nimm dich in acht. Ich bin stärker als ein Löwe."

Die Spinne lachte über diesen Scherz und verschlang sie im Nu.

Die Mücke und der Stier

Eine Mücke, die einen ganzen Abend lang getanzt und sich in der milden Sommerluft mit ihren Freundinnen unterhalten hatte, setzte sich in der Dunkelheit endlich zur Ruhe nieder.

Als sie merkte, daß der Platz, den sie gefunden hatte, das Horn eines Stiers war, entschuldigte sie sich höflich und sagte:

„Mein lieber Freund, ich hoffe, dir nicht lästig zu fallen. Sollte ich zu schwer für dich sein, will ich mir gern einen anderen Platz suchen."

Der Stier zuckte mit seinen Wimpern, gähnte und brummte:

„Tu wie du willst, bleib oder mach dich wieder davon. Ich habe dich nicht gespürt, als du kamst, und werde es auch nicht merken, wenn du wieder gehst."

Was für ein eingebildeter Kerl, dachte die Mücke und tanzte davon.

Die Löwenmutter

An einem schönen Sommertag saßen einige Tiere
beisammen und unterhielten sich über ihre Nachkommen.
Eine Füchsin, eine Maus und ein Schwein hatten ihre
Kinder dabei.

„Schaut sie euch an", sagte die Füchsin, „fünf junge
Füchslein, eines schöner als das andere."

„Das ist doch gar nichts", prahlte die Maus. „Sieben sind
es bei mir und schon der dritte Wurf in diesem Jahr."

Das Schwein grunzte und fragte:

„Könnt ihr überhaupt zählen? Elf sind es bei mir, keines
mehr und keines weniger."

Unter den Zuhörerinnen war auch eine Löwin. Neben ihr
im Gras lag ihr Junges.

„Nur ein einziges", sagten die Füchsin, die Maus und das
Schwein voller Verachtung. Die Löwenmutter machte sich
nichts daraus.

Erst als die anderen Tiere sie herausforderten, sich zu
wehren, knurrte sie:

„Was soll ich mich wehren? Ja, ich habe nur ein einziges,
aber dafür ist es ein Löwe."

Die Tiere, die ohne ihre Kinder erschienen waren, lachten
und schrien:

„Nicht auf die Menge kommt es an."

Die Füchsin, die Maus und das Schwein versuchten das
Gesprächsthema so schnell wie möglich zu wechseln, was
ihnen auch gut gelang.

Der Fuchs und die Katze

In einem Wald begegnete eine Katze einem Fuchs. Da sie
schon viel von seiner Klugheit gehört hatte, freute sie
sich, ihn persönlich kennenzulernen.
„Guten Tag, Herr Fuchs", grüßte sie ihn. „Wie geht's?
Wie steht's? Ihr habt viel Erfahrung und seid angesehen
auf dieser Welt. Vielleicht verratet Ihr mir, wie Ihr Euch
durchschlagt in dieser teuren Zeit?"
Der Fuchs maß die Katze vom Kopf bis zu den Füßen.
„Oh, du armseliger Bartputzer", sagte er endlich, „du
scheckiger Narr und Mäusejäger, was unterstehst du dich,
mich anzusprechen und um Rat zu fragen?"
„Oh, pardon", sagte die Katze.
„Was hast du denn gelernt?" fuhr der Fuchs hochmütig fort.
„Wie viele Künste verstehst du?"
„Ach", meinte die Katze, „nur eine einzige."
„Und das wäre?" fragte der Fuchs.
„Wenn die Hunde mich verfolgen, kann ich auf einen Baum
hinaufklettern."
„Ist das alles?" fragte der Fuchs. „Ich weiß hundert Künste,
und in meinem Kopf steckt ein Sack voller Listen."
In dem Augenblick kam ein Jäger mit vier Hunden daher.
Ohne lange zu überlegen, kletterte die Katze auf den
nächsten Baum hinauf, während die Hunde den Fuchs
packten und festhielten.
„Bindet doch den Sack voller Listen auf, damit ich sie zu
sehen bekomme", rief ihm die Katze zu. „Und wo bleiben
die Künste, deren Ihr Euch eben gerühmt habt?"

Die Katze wartete vergeblich auf eine Antwort.
Der Jäger hatte den Fuchs erschossen und trug ihn auf
seinem Rücken davon.

Der Wettlauf

Es war einmal ein Hase, der überall mit seiner Schnellig-
keit prahlte.
Eines Tages begegnete er einer Schildkröte.
Als er ihre kurzen Beine sah, lachte er sie aus.
Die Schildkröte ließ sich nicht einschüchtern.
„Laß uns einen Wettlauf machen", sagte sie.
„Gerne", spottete der Hase. „Du willst mich wohl
besiegen."
Sie suchten sich ein Ziel aus und starteten.
Der Hase lief davon, ohne die Sache ernst zu nehmen.
Auf der halben Strecke legte er sich ins Gras. Weit und
breit war noch keine Schildkröte zu sehen.
Ich kann ruhig ein Schläfchen machen, dachte er, ich
werde sowieso gewinnen.
Die Schildkröte aber ging ohne anzuhalten vorwärts,
Schritt für Schritt.
Und als der Hase wieder losrannte, war die Schildkröte am
Ziel und erwartete ihn.
„Da bin ich, mein lieber Hase", lachte sie.
„Du hast mich besiegt", mußte der Hase zugeben und
lachte mit.

Der Fuchs und die Schnecke

Ein Fuchs begegnete einer Schnecke, und weil er nichts Gescheiteres zu tun hatte, begann er sich über sie lustig zu machen.

„Laß uns einen Wettlauf machen", spottete er. „Wer zuerst beim Weiher am anderen Ende des Waldes ankommt, hat gewonnen."

Die Schnecke war einverstanden und kroch gleich los.

Es war ein heißer Sommertag.

Der Fuchs dachte: Ich leg mich zuerst einmal hin und warte, bis es kühler wird.

Als die Schnecke sah, wie der Fuchs sich in den Schatten legte, die Augen zumachte und zu schnarchen begann, kehrte sie um und versteckte sich in seinem dicken Schwanz.

Am Abend erwachte der Fuchs und machte sich gemütlich auf den Weg.

„Wo bleibt denn die arme Schnecke?" rief er immer wieder. Sie war weit und breit nirgends zu sehen.

Aber als der Fuchs beim Weiher ankam, kroch sie aus seinem Schwanz heraus ins Ziel und lachte:

„Hier bin ich, mein lieber Fuchs. Eben angekommen."

Da mußte der Fuchs zugeben, daß die Schnecke nicht nur den Wettlauf gewonnen, sondern ihn auch noch überlistet hatte.

Die Maus auf Freiersfüßen

Für mich ist nur die Tochter des stärksten Wesens gut
genug, um meine Frau zu werden, dachte ein Mäuserich,
der beschlossen hatte zu heiraten.
Also ging er zur Sonne und bat sie um ihre Tochter.
„Du irrst dich", sagte die Sonne. „Die Wolke ist noch
stärker als ich. Wenn es ihr einfällt, vermag sie mich zu
verdecken."
„Dann ist sie die richtige Frau für mich", sagte der Mäuse-
rich. „Auf Wiedersehen."
Doch auch die Wolke bedauerte, dem Mäuserich einen
Korb geben zu müssen.
„Der Wind ist noch mächtiger als ich es bin", sagte sie.
„Wenn er will, bläst er mich in alle Himmelsrichtungen
davon."
Doch als der Mäuserich die Tochter des Windes zur Frau
verlangte, meinte dieser:
„Schau dir den steinernen Turm an. Er ist Jahrtausende alt,
und noch ist es meiner Kraft nicht gelungen, ihn
umzublasen. Also steht er noch über mir."
„Wenn das so ist", sagte der Mäuserich, „muß ich leider
darauf verzichten, deine Tochter zu heiraten."
Nun bin ich endlich am Ziel, dachte der Mäuserich, als er
am Fuße des Turmes stand.
„Gib mir deine Tochter zur Frau", sagte er.
„Warum?" fragte der Turm.
„Weil du der Mächtigste bist."
„Ich muß dich enttäuschen", sagte der Turm. „Seit einiger

Zeit nagt eine Maus an meinen Grundmauern, und kein Mörtel ist stark genug, um ihren scharfen Zähnen zu widerstehen."

„Eine Maus?" fragte der Mäuserich.

„Ja", sagte der Turm, „eine Maus, und ich kenne niemand anderen, der besser zu dir passen würde."

Als der Mäuserich Hochzeit hielt, strahlte die Sonne vom Himmel, die Wolken ballten sich zu Bergen, und um den alten Turm tobte der Wind.

„Zu meinen Ehren", erklärte der hochmütige Mäuserich seiner Frau und merkte immer noch nicht, daß die Sonne, die Wolke, der Wind und der Turm die ganze Zeit über ihn gelacht hatten.

Der eingebildete Kater

Mäuse fangen ist keine Kunst, dachte ein kleiner Kater, jetzt komme ich, jetzt geht es den Mäusen an den Kragen. Als es Nacht wurde, schlich er aufs Feld hinaus, und schon lief ihm ein Mäuschen über den Weg.

Du bist mir zu klein, dachte der junge Kater, und ließ es laufen.

Da kam ein Wiesel daher.

„Was suchst du hier?" fragte der kleine Kater.

„Das gleiche wie du", antwortete das Wiesel. „Mäuse."

Der kleine Kater hatte keine Lust, auf Beute zu lauern und sie mit dem Wiesel zu teilen.

19

Er kletterte unters Dachgebälk einer offenen Scheune. Dort begrüßte ihn eine Eule.

„Ich habe gemeint, Vögel schlafen in der Nacht", sagte der kleine Kater.

„Eulen nicht", sagte sie. „Ich warte auf meinen Abendschmaus."

„Und woraus besteht der?" fragte der kleine Kater.

„Aus einer fetten Maus", rief die Eule, verdrehte die Augen und sträubte ihre Federn.

Ohne sich von der Eule zu verabschieden, schlich der kleine Kater davon.

In der Nähe des Misthaufens habe ich mehr Glück, dachte er.

Aber als er zum Misthaufen kam, traf er den Igel, der eben dabei war, etwas zu verzehren.

„Guten Appetit", knurrte der kleine Kater. „Was ist es denn, was dir so gut zu schmecken scheint?"

„Eine Maus", brummte der Igel.

„Eine Maus", seufzte der kleine Kater.

Die halbe Nacht war vorbei, und noch immer war sein Magen leer.

Er machte sich über eine frisch gemähte Wiese davon.

Sicher gelingt es mir, wenigstens hier eine Maus zu erwischen, dachte er.

Doch am Ende der Wiese stellte sich ihm keine Maus, sondern ein Fuchs in den Weg.

„Guten Abend", sagte der kleine Kater.

Doch der Fuchs gab keine Antwort.

„Warum so schlecht gelaunt?" fragte der kleine Kater.

„Soll ich nicht schlecht gelaunt sein? Der Sperber hat mir meine Beute vor der Nase weggeschnappt."

„Und was war's, wenn die Frage erlaubt ist."

„Eine Maus", knurrte der Fuchs.

„Eine Maus?" fragte der kleine Kater und beschloß, nach Hause zurückzukehren.

Wovon soll ich leben, wenn es so viele sind, die nach dem Gleichen suchen? dachte er.

In einer Ackerfurche roch er endlich eine winzige Maus und setzte sich bis zur Morgenfrühe vor ihr Loch.

Sie versuchte zu entwischen, doch als sie ihren Kopf herauszustrecken wagte, packte er sie und fraß sie mit Haut und Haaren.

„Wie war's auf der Jagd?" fragte die Mutter.

„Wunderbar", prahlte der kleine Kater.

Er war froh, daß dank der winzigen Maus, die er eben verspeist hatte, das Knurren seines Magens nicht mehr zu hören war.

21

Der Drache und der Hase

In einem Wald hauste ein schrecklicher Drache. Wahllos fiel er über die Tiere in der Gegend her und verschlang sie zu Dutzenden. In ihrer Verzweiflung wagten sie sich eines Tages in seine Höhle und baten ihn um Erbarmen.

„Gut", sagte der Drache, „wenn sich jeden Morgen ein Tier freiwillig bei mir meldet, so will ich die anderen in Ruhe lassen."

„Das ist weniger schlimm, als wenn er durch die Gegend stampft und alles frißt, was ihm vor die Füße läuft", sagten die Tiere zueinander. „Das Los soll jeden Tag entscheiden, wer sich für die anderen opfern muß."

Einmal fiel das Los auf einen kleinen Hasen.

Ich bin noch jung, dachte der kleine Hase. Ich möchte noch nicht sterben. Der Drache ist zwar stärker als ich, aber vielleicht bin ich klüger.

Auf dem Weg in die Höhle des Ungetüms blieb der kleine Hase hin und wieder stehen, schnupperte an einem Löwenzahn oder begann in aller Ruhe ein Kleeblatt zu mampfen.

Der Drache, der gierig auf sein Frühstück wartete, spie Feuer vor Wut.

„Beeil dich, ich habe Hunger", schrie er.

„Ach", sagte der kleine Hase, „entschuldige, aber eben ist mir ein anderer Drache begegnet. Ich wäre tot, wenn ich ihm nicht von dir erzählt hätte. Er hat mich gebeten, dich von ihm zu grüßen und dir mitzuteilen, daß ich nicht deine, sondern seine Beute sei."

Als der Drache das hörte, stampfte er auf, daß die Erde unter seinen Füßen bebte.

„In meinem Revier hat kein anderer etwas zu suchen", brüllte er. „Wo ist der Kerl? Zeig ihn mir."

„Komm mit", sagte der kleine Hase und führte den Drachen ans Ufer eines tiefen Weihers.

„Ja, du hast recht", brüllte der Drache weiter, als er sein Spiegelbild im Wasser entdeckte. „Ich werde mit ihm kämpfen."

Und ohne sich lange zu besinnen, stürzte er sich ins Wasser, und weil er kein Seedrache, sondern ein Landdrache war, mußte er ertrinken.

Der Ochse und die Maus

Ein Ochse, der sich seiner Größe und seines Gewichts nicht genug rühmen konnte, versuchte damit die anderen Tiere auf der Weide einzuschüchtern.

Rücksichtslos stieß er alle, die ihm in die Quere kamen, zur Seite, besonders die Lämmchen und die Kälbchen. Sogar die Kühe fürchteten ihn.

Darüber ärgerte sich eine Maus, die ebenfalls auf der Weide ihre Wohnung hatte.

Ich will dem Kerl eine Lehre erteilen, dachte sie eines Tages, sprang an ihm hoch und biß ihn mit ihren scharfen Zähnen ins Bein.

Der Ochse brüllte auf vor Schmerz.

Als er die Maus entdeckte, wollte er sie mit seinen Hufen erschlagen.

Doch die Maus war längst in ihr Loch geschlüpft, streckte die Nase hervor und piepste:

„Nur weil du groß und schwer bist, bildest du dir ein, auch stark zu sein."

Der Ochse trampelte auf dem Mauseloch herum, doch einige Augenblicke später schaute die Maus aus einem anderen Loch hervor und pfiff:

> „Und wärst du noch ein größres Tier,
> ich habe keine Angst vor dir."

Ein Zicklein, das zugesehen und den Vers gehört hatte, gab ihn weiter. Bald wußte die ganze Weide, daß eine kleine Maus es gewagt hatte, dem Ochsen die Wahrheit zu sagen und sogar einen Vers zu dichten, den auch das kleinste Lämmchen nie mehr vergaß.

II
FABELN
ÜBER DIE DANKBARKEIT
UND VON GUTEN UND
VON SCHLECHTEN FREUNDEN

Der Schafhirte und der Löwe

Im alten Rom lebte ein Schafhirte, der unschuldig zum Tode verurteilt worden war.

Er sollte im Zirkus zur Belustigung des Volkes einem wilden Tier zum Fraß vorgeworfen werden.

Also wurden ein Löwe und der Hirte in die Arena getrieben. Der hungrige Löwe stürzte sich auf den Hirten, um ihn zu zerreißen.

Die Zuschauer schrien begeistert.

Auch der Kaiser war unter ihnen.

Aber als der Löwe brüllend vor dem Hirten stand und eben mit seiner Pranke auf ihn losschlagen wollte, legte er sich plötzlich auf die Erde nieder und begann dem Hirten die Füße zu lecken.

Die Zuschauer verstummten, doch bald schrien sie von neuem. Geprellt um das grausige Schauspiel, verlangten sie nach einem weiteren Löwen.

Doch der erste Löwe verteidigte den Hirten und blieb wie ein Wächter neben ihm sitzen. Er schien seinen Genossen zu bitten, den Mann in Ruhe zu lassen.

Der Kaiser ließ den Hirten in seine Loge kommen.

„Bist du ein Zauberer?" fragte er ihn.

„Nein", sagte der Hirte, „aber der Löwe hat mich wiedererkannt. Es ist der gleiche, dem ich vor einigen Wochen einen giftigen Dorn aus seinem Fuß gezogen habe. Seitdem hat er mich und meine Schafe in Ruhe gelassen. Wir sind Freunde geworden. Deine Soldaten aber haben ihn gefangen und zum Kampf für die Arena bestimmt."

Der Kaiser begnadigte den Hirten, und auch der Löwe wurde freigelassen und kehrte in seine Höhle zurück.

Der Löwe und die Maus

Es war einmal ein Löwe, der sich zu einem Mittagsschlaf hingelegt hatte.
Da lief eine Maus über seine Pranken.
Der Löwe erwachte.
Verärgert über die Störung, packte er das kleine Tier und wollte es verschlingen.
Da rief die Maus mit kläglicher Stimme:
„König der Tiere, du bist gewohnt, mit Stieren und Hirschen zu kämpfen. Ich bin doch nur ein winziger Bissen für dich. Laß mich am Leben. Vielleicht kann auch ich dir eines Tages einen Dienst erweisen."
Der Löwe lachte und ließ die Maus großmütig laufen.
Bald darauf verfing er sich im Netz eines Jägers.
Verzweifelt versuchte er sich zu befreien, aber es gelang ihm nicht.
Von seinem Gebrüll geweckt, kam die Maus aus ihrem Loch. Ohne lange zu überlegen, fing sie mit ihren scharfen Zähnen an, die Stricke durchzunagen. Und sie gab nicht auf, bis der Löwe befreit war.

Der Käfer und die Taube

Ein Käfer, der an einer Quelle seinen Durst löschte, wurde plötzlich von der Strömung mitgerissen. Er versuchte sich zu wehren, aber vergeblich. Er wäre ertrunken, wenn nicht eine Taube ihn entdeckt hätte.

Mit dem Schnabel brach sie einen Zweig aus einem Gebüsch und warf ihn vor dem Käfer ins Wasser. Sofort klammerte sich das Tierchen an dem Zweig fest und wurde mit ihm ans Ufer getrieben.

Die Taube freute sich, den hilflosen Käfer gerettet zu haben, und flog davon.

Bald darauf schaute der Käfer einem Vogelfänger zu, der dabei war, der Taube eine Falle zu stellen.

Eilig krabbelte er auf den Mann zu und biß ihn in den nackten Fuß.

Der Mann schrie auf und warf die Falle weg, um sich die schmerzende Stelle zu reiben.

Die Taube aber, durch den Schrei des Mannes gewarnt, flüchtete auf den nächsten Hausgiebel. Als sie entdeckte, wer ihr geholfen hatte, begann sie vor Freude zu gurren.

Der dankbare Adler

Ein Bauer fing einmal einen Adler und sperrte ihn in einen Käfig. Der Mann war stolz auf seinen Fang. Aber als er sah, wie unglücklich der Gefangene war, ließ er ihn wieder fliegen.

Einige Tage darauf legte sich der Bauer zum Mittagsschlaf auf eine Mauer nieder. Um sich gegen die Sonne zu schützen, bedeckte er seinen Kopf mit einem Tuch. Er merkte nicht, daß die Mauer, auf die er sich ausgestreckt hatte, kurz davor war, zusammenzubrechen.

Der Adler aber, der am Himmel kreiste, sah die Gefahr. Als seine Schreie den Bauern nicht zu wecken vermochten, zog er ihm mit seinem Schnabel das Tuch vom Gesicht.

Der Bauer sprang von der Mauer herunter, um nach dem Dieb zu suchen.

In dem Augenblick stürzte die Mauer zusammen. Sie hätte den Mann begraben, wenn der Adler ihn nicht rechtzeitig gewarnt hätte.

Die Mistfliege

Ein Löwe und ein Tiger waren seit vielen Jahren gute Freunde.

Eine Mistfliege ärgerte sich über das gute Einvernehmen der beiden königlichen Tiere.

Eines Morgens kroch sie dem Löwen ins Ohr.

„Hast du schon gehört, daß sich der Tiger rühmt, zehnmal stärker zu sein als du?" flüsterte sie ihm zu.

Der Löwe scheuchte die Mistfliege weg, doch ihre Worte verdarben ihm den ganzen Tag, auf den er sich gefreut hatte.

Am Abend kroch die Fliege auch dem Tiger ins Ohr.

„Hast du schon gehört, daß sich der Löwe rühmt, zehnmal schöner zu sein als du", flüsterte sie ihm zu.

Der Tiger scheuchte die Mistfliege weg, doch auch ihm verdarben ihre Verleumdungen die ganze Nacht.

Als sich der Löwe und der Tiger wieder begegneten, betrachteten sie sich voller Argwohn.

Bald gingen sie einander aus dem Weg.

Die Mistfliege aber fuhr so lange fort, den Löwen gegen den Tiger und den Tiger gegen den Löwen aufzuhetzen, bis sie eines Tages voller Haß aufeinander losstürzten.

„Warum kämpfen wir eigentlich gegeneinander?" fragten sie sich, als sie endlich erschöpft auf der Erde lagen.

„Die Mistfliege …", lachte der Löwe.

„Ja, die Mistfliege …", lachte auch der Tiger. „Wie dumm, daß wir nie miteinander gesprochen haben. Wir hätten uns viel Kummer ersparen können."

„Sollen wir uns an ihr rächen?" fragte der Löwe.

„Es hat keinen Sinn, eine Mistfliege für ihre Bosheit zu bestrafen", sagte der Tiger, „denn kaum ist eine von ihnen tot, gedeiht eine neue."

„Hauptsache, wir sind wieder gute Freunde", meinte der Löwe.

Der Igel und der Maulwurf

Auf der Suche nach einer Wohnung für den Winter kam ein Igel an der Höhle eines Maulwurfs vorbei.

„Hättest du nicht noch ein wenig Platz für mich?" fragte der Igel den Maulwurf.

Er ist ein drolliger Bursche, dachte der Maulwurf.

„Es ist zwar eng bei mir ...", brummte er.

„Das stört mich nicht", sagte der Igel und zog sofort ein.

Am ersten Tag machte er sich dünn und hielt sich so ruhig wie möglich.

Am zweiten Tag aber begann er sich auszubreiten, den ganzen Tag zu schlafen und dabei auch noch zu schnarchen.

Der Maulwurf drückte sich in eine Ecke und wagte sich kaum noch zu rühren, um nicht dauernd von den Stacheln des Igels gestochen zu werden.

Ach, wäre ich mit meiner Einladung doch nicht so voreilig gewesen, dachte er.

Am dritten Tag nahm er all seinen Mut zusammen.

„Mein lieber Igel", sagte er, „sicher hast du Verständnis dafür, wenn ich dich bitte, wieder auszuziehen und dir eine eigene Wohnung zu suchen. Die Höhle ist für uns beide zu klein."

Der Igel lachte. „Das mag sein, riesig ist sie nicht, aber wem es hier nicht gefällt, der soll gehen. Ich bleibe."

Der Maulwurf war sprachlos, aber weil er keine Lust hatte mit dem Igel zu streiten, entschloß er sich am vierten Tag, eine neue Höhle zu graben und sich in Zukunft seine Gäste etwas genauer anzusehen.

Das Bärengedicht

Ein Junge und ein Mädchen liefen eines Tages im Wald herum. Plötzlich trat eine Bärenmutter mit ihrem Kind zwischen den Baumstämmen hervor. Sogleich stürzte sie auf die Kinder los.

Ohne sich auch nur weiter um seine Freundin zu kümmern, flüchtete der Junge auf den nächsten Baum hinauf.

Das Mädchen aber, das noch nicht klettern konnte, glaubte sich verloren.

Da erinnerte es sich an den Rat eines Jägers, sich bei der Begegnung mit einem Bär totzustellen.

Also warf es sich auf den Boden.

Die Bärenmutter beschnupperte das Mädchen von allen Seiten, strich ihm sogar mit der rauhen Zunge übers Gesicht und machte sich lange an seinem rechten Ohr zu schaffen.

Als das Mädchen seine Angst beherrschte, den Atem anhielt und sich weder rührte noch schrie, verlor sie ihr Interesse und trabte mit ihrem Kind an der Seite wieder davon.

Der Junge, der von seinem sicheren Platz auf dem Baum alles mitangesehen hatte, kletterte wieder herunter und lachte:

„Du hast Glück gehabt, aber sag mir, was war es, was der Bär dir ins Ohr geflüstert hat?"

„Ach", meinte das Mädchen, „hast du gewußt, daß Bären auch dichten können?"

„Dichten?" fragte der Kletterer neugierig.

„Nur ein kleiner Vers", antwortete das Mädchen.
„Ein Freund, der dich in Not läßt sitzen,
redete er auch noch so fein,
diese Bärenlehre soll dir nützen,
das kann dein Freund nicht sein."

Der Holzfäller und der Fuchs

Ein Fuchs, der von Jägern verfolgt wurde, traf einen Holz-
fäller und bat diesen inständig, ihn zu verstecken.
„Meinetwegen", sagte der Holzfäller und öffnete dem Tier
die Tür zu seiner Hütte.
Der Fuchs verkroch sich in eine Ecke und stellte sich tot.
„Hast du zufällig einen Fuchs gesehen?" fragten die Jäger
den Holzfäller. „Wir waren ihm dicht auf den Fersen."
„Nein", sagte der Mann, aber dabei deutete er mit der
Hand in die Ecke, in der sich der Fuchs versteckt hielt.
Die Jäger achteten nicht auf die Zeichensprache des
Mannes und gingen davon.
Der Fuchs kam aus seiner Ecke hervor und verabschiedete
sich ebenfalls.
„Und wo bleibt der Dank?" fragte der Holzfäller vorwurfs-
voll.
Der Fuchs betrachtete den Mann.
„Wenn das, was du sagst, und das, was du tust, eins wären,
würde ich dir gern danken", sagte er.

Esel und Fuchs auf der Jagd

Ein Esel befreundete sich mit einem Fuchs und war stolz darauf.

„Mein Freund, der Fuchs …“, prahlte er, wo er nur hinkam. Einmal gingen der Esel und der Fuchs sogar zusammen auf die Jagd.

Da kam ihnen ein hungriger Löwe entgegen.

Der Fuchs erkannte gleich, was ihm und dem Esel drohte und versuchte, der Gefahr mit List zu entkommen.

„Mein Freund, der Löwe …“, beruhigte er den vor Angst zitternden Esel.

Staunend sah der Esel, wie der Fuchs auf den Löwen zuging und ihm etwas ins Ohr flüsterte. Weil er nicht verstand, was es war, blieb er stehen.

„Laß mich leben“, sagte der Fuchs zum Löwen, „nimm den Esel dafür.“

Der Löwe schien sich den Vorschlag des Fuchses einen Augenblick zu überlegen, aber plötzlich packte er ihn und verschlang ihn mit wenigen Bissen.

„Den Verräter zuerst und nun den Esel“, knurrte der Löwe.

Doch der Esel hatte längst die Flucht ergriffen.

Freundschaft

Eine Gazelle, eine Ratte, ein Rabe und eine Schildkröte
waren einander in Freundschaft zugetan.
Sie spielten miteinander, teilten die Nahrung und wohnten
zusammen in einem Nest.
Eines Tages wurde die Gazelle von einem Hund gejagt und
in eine Falle getrieben.
„Wo bleibt nur unsere Freundin, die Gazelle?" fragten
sich die Ratte, der Rabe und die Schildkröte, als sie nach
ihren nächtlichen Ausflügen am frühen Morgen wieder
zusammenkamen.
Am Mittag war immer noch weit und breit nichts von der
Gazelle zu sehen.
„Ach, hätte ich doch Flügel", sagte die Schildkröte.
„Daran habe ich nicht gedacht", sagte der Rabe, schwang
sich in die Luft und machte sich auf die Suche nach der
Gazelle.
Endlich entdeckte er sie in einer Falle. Sie hatte sich in ein
ausgelegtes Netz verstrickt. Ohne unnütze Worte zu
verlieren, flog der Rabe nach Hause zurück und erzählte
den anderen, was er gesehen hatte.
„Laßt uns sofort hingehen", sagte die Ratte.
Auch die Schildkröte reckte sich in ihrem Panzer und
begann, sich mit ihren kurzen Beinen sofort auf den Weg
zu machen.
„Ach", meinte der Rabe, „es ist besser, du bleibst zu Hause.
Wenn wir auf dich warten müssen, ist es um die Gazelle
längst geschehen."

Aber als der Rabe und die Ratte im Wald verschwunden waren, machte sich die Schildkröte trotzdem auf.

Man kann nie wissen, wofür einer gut ist, dachte sie.

Inzwischen war die Ratte bereits daran, an den Maschen des Netzes zu nagen, während der Rabe Wache hielt.

Kaum aber war die Gazelle frei, kam der Jäger daher.

Der Rabe flog in den Himmel hinauf, die Ratte flüchtete in ein Loch, und die Gazelle versteckte sich in einem Gebüsch.

Der Jäger, den es nach einem Wildbraten gelüstet hatte, begann sie zu suchen. Doch die Gazelle blieb verschwunden. Weit und breit war nichts zu entdecken, nur eine Schildkröte, die auf ihren kurzen Beinen dahergewatschelt kam.

„Dann wirst du mein Abendessen sein", schrie der Jäger zornig, packte die Schildkröte und steckte sie in einen Sack.

Der Rabe, der den Jäger mit seinen Augen verfolgt hatte, erschrak und meldete der Gazelle, was geschehen war.

„Laß mich nur machen", flüsterte die Gazelle.

Sie brach aus ihrem Versteck hervor und lief dem Jäger vor die Nase. Dabei hinkte sie und tat, als wäre sie verletzt.

„So hab ich dich doch", schrie der Mann, warf den Sack mit der Schildkröte zu Boden und ließ sich die längste Zeit von der Gazelle zum Narren halten.

Die Ratte, die den Kopf aus ihrem Loch streckte, besann sich nicht lange. Mit ihren Zähnen war es ihr ein Leichtes, ein Loch in den Sack zu nagen und die Schildkröte zu befreien.

Als die Schildkröte nach Hause kam, saßen die Gazelle, die Ratte und der Rabe friedlich zusammen und erwarteten sie. Niemand machte ihr Vorwürfe, denn ohne sie wäre das Abenteuer nur halb so spannend gewesen, und sie konnten nicht genug davon bekommen, es sich wieder und wieder zu erzählen.

III
FABELN
VON KRIEG UND STREIT,
VON SIEGERN
UND VERLIERERN

Der Wind und die Sonne

Eines Tages gerieten die Sonne und der Wind in Streit miteinander.

„Ich habe mehr Kraft als du", strahlte die Sonne.

„Nein, ich bin stärker", pfiff der Wind.

„Das mußt du mir beweisen", sagte die Sonne. „Siehst du den Mann dort? Wem es von uns beiden gelingt, ihn zu bewegen, seinen Mantel auszuziehen, hat gewonnen."

Mit dieser Wette war der Wind einverstanden.

„Du darfst dein Glück zuerst versuchen", sagte die Sonne und versteckte sich hinter eine Wolke.

Der Wind begann zu blasen und zu heulen und an den Mantelschößen des Mannes zu zerren, daß er kaum mehr aufrecht gehen konnte. Er stellte den Kragen hoch und verschränkte seine Arme. Je stärker der Wind auf den Wanderer losging, um so mehr zog er seinen Mantel zusammen.

Nach einer Weile trat die Sonne hinter der Wolke hervor.

„Nun bin ich an der Reihe", sagte sie.

„Meinetwegen", sagte der Wind und versteckte sich in der Krone eines Apfelbaums.

Die Sonne aber schickte ihre Strahlen auf den Mann herunter, zuerst die kleinen und zärtlichen, dann die großen und starken.

„Wie schön", sagte der Mann und winkte der Sonne dankbar zu.

Dann knöpfte er seinen Mantel auf, und bald schon wurde es ihm so heiß, daß er ihn auszog.

„Ich habe gewonnen", sagte die Sonne. „Nun laß uns in Frieden zusammenleben."

Doch der Wind im Apfelbaum war ein schlechter Verlierer. Darum versucht er es bis auf den heutigen Tag, der Sonne ihren Sieg streitig zu machen und sie zum Kampf herauszufordern.

Die beiden Ziegen

Auf einem schmalen Steg begegneten sich zwei Ziegen. Die eine wollte hinüber, die andere herüber.

„Geh mir aus dem Weg", sagte die eine.

„Was fällt dir ein", meckerte die andere. „Ich war zuerst da."

„Der Vortritt gebührt mir", gab die erste zurück. „Ich bin älter als du."

„Und ich bin stärker", schrie die zweite.

„Von dir lasse ich mich nicht einschüchtern", höhnte die andere.

Mit gesenkten Hörnern rannten sie aufeinander los.

Aber als sie zusammenstießen, verloren sie das Gleichgewicht und stürzten in den Bach.

Es wäre ihnen übel ergangen, wenn nicht der Hirte dazugekommen wäre und sie gerettet hätte.

Der Anteil des Löwen

Unter den Raubtieren kam es immer wieder zu Streit, weil eines dem anderen die Beute mißgönnte. Da beschlossen sie, in Zukunft die Nahrung gerecht untereinander zu verteilen.

Eines Tages ging ein Löwe mit einem Tiger, einem Leopard und einem Schakal auf die Jagd. Zusammen erbeuteten sie einen Hirsch. Sie freuten sich über die Beute und zerlegten sie in vier gleiche Teile.

„Ich habe die Wahl", knurrte der Löwe, „denn ich bin der König der Tiere. Den zweiten Teil will ich ebenfalls für mich behalten, weil ich der Größte bin."

Der Tiger und der Leopard und der Schakal begannen laut zu murren, doch der Löwe befahl ihnen zu schweigen.

„Ich bin auch der Stärkste", sagte er.

Ohne sich um die anderen zu kümmern, schob er den ersten und den zweiten und auch den dritten Teil zu einem Haufen zusammen.

„Und wer es wagt, den vierten Teil anzurühren, wird es bitter bereuen", fuhr er drohend fort.

Da packte den Tiger, den Leopard und den Schakal die Angst und sie liefen davon.

Plötzlich blieb der Tiger stehen.

„Löwe bleibt Löwe", sprach er. „Es stimmt, er ist größer und stärker als ich, aber er ist nicht größer und stärker als wir drei zusammen."

„Du hast recht", sagten der Leopard und der Schakal. „Wehren wir uns."

Als der Löwe die drei Tiere gemeinsam und entschlossen auf sich zukommen sah, ergriff er die Flucht.

Nun taten sich der Tiger, der Leopard und der Schakal in aller Ruhe am saftigen Fleisch gütlich. Als sich der hungrige Löwe nach einer Weile wieder in die Nähe wagte, waren für ihn nur ein paar Knochen übriggeblieben.

Ochse, Pferd und Esel

Auf einer Weide trafen sich ein Ochse, ein Pferd und ein Esel. Bald begannen sie sich zu rühmen, der Ochse seiner Kraft, das Pferd seiner Schönheit und der Esel seiner Nützlichkeit.

Weil nun jedes der Tiere glaubte, seine Eigenschaft sei mehr wert als die des andern, bekamen sie Streit.

Da kamen drei Männer des Weges, ein Bauer, ein Pferdehändler und ein Müller.

„Ihr sollt entscheiden, wer von uns dreien in der Rangordnung am höchsten steht", sagte das Pferd. „Wenn zwei von euch einer Meinung sind, wollen wir uns eurem Urteil beugen."

Der Esel nickte mit dem Kopf, und der Ochse begann ihre verschiedenen Meinungen den Richtern darzulegen.

Der Bauer kratzte sich hinter den Ohren. Der Müller rieb sich seinen Bauch. Der Pferdehändler aber sagte gleich: „Die Sache ist klar, das Pferd hat gewonnen."

„Die Sache ist gar nicht klar", ereiferte sich da der Müller, „an erster Stelle kommt der Esel."

„Auch ich habe noch ein Wörtchen mitzureden", mischte sich der Bauer ein. „Am meisten Wert von den dreien hat für mich der Ochse."

„Wo bleibt denn da die Gerechtigkeit", schäumte das Pferd vor Wut.

Und so streiten sich der Ochse, das Pferd und der Esel auch heute noch darum, wer von ihnen mehr wert sei als der andere, und es wird wohl lange dauern, bis der Bauer, der Pferdehändler und der Müller als Richter nicht nur an den eigenen Nutzen denken.

Die Rede des Wolfes

Ein Wolf brach immer wieder in eine Schafherde ein, um seinen Hunger zu stillen.

Der Schäfer spannte Netze aus und stellte Fallen, doch es gelang ihm nicht, das wilde Tier zu fangen.

Auch der Hund des Schäfers verfolgte seine Spur lange Zeit umsonst. Eines Tages aber durchstreifte er den Wald und entdeckte durch Zufall das Versteck des Wolfes.

„Laß uns für eine Weile unseren Krieg vergessen und wie Freunde zusammen reden", sagte der Hund.

„Waffenstillstand", lachte der Wolf. „Meinetwegen."

Da sprach der Hund:

„Wie kann ein Tier wie du Freude daran haben, ein Schaf

zu zerreißen. Stolz wie du bist, solltest du dich im Kampf mit Ebern und Löwen messen, aber nicht mit hilflosen Schafen. Sei großzügig und zeige Mitleid."

Der Wolf bedachte die Worte des Hundes, wiegte seinen Kopf hin und her und sagte endlich:

„Mein Freund, ich bin als Raubtier geboren. Wenn ich Hunger habe, muß ich fressen. Wenn es dir wirklich um das Wohl der Schafe geht, so richte deinem Herrn folgende Botschaft aus:

Der Wolf frißt nur, wenn er Hunger hat, die Menschen aber verschlingen Tausende von Schafen. Nicht vor mir sollten sie sich fürchten, sondern vor dem, der sich als ihr Beschützer aufspielt. Ein offener Feind ist schlimm, aber noch schlimmer ist ein falscher Freund!"

Der Hund wußte darauf keine Antwort, doch er lief so schnell er konnte nach Hause, um dem Schäfer die Worte des Wolfes auszurichten.

Die Fledermaus

Einmal stritten sich die Tiere in der Luft mit den Tieren
auf der Erde um eine Insel mitten im Meer. Jede der
beiden Parteien versuchte die andere von dem Eiland zu
vertreiben.

Der Krieg zog sich lange dahin.

Einmal gewannen die Vögel, dann wieder die Landtiere
die Oberhand.

Wer wird wohl siegen? dachte eine Fledermaus, die sich
weder für die eine noch die andere Partei entscheiden
konnte.

Endlich sah es so aus, als ob die Vierfüßler den Kampf
gewinnen würden.

„Ich gehöre zu euch", sagte die Fledermaus.

Da kam ein Adler über das Meer geflogen, um den
bedrängten Vögeln zu helfen.

Mit seiner Kraft und seinen mächtigen Schwingen gelang
es ihm, seine Artgenossen vor einer Niederlage zu
bewahren.

Da stellte sich die Fledermaus wieder auf die Seite der
Gewinner und konnte nicht aufhören, den Adler zu
rühmen.

„Schließt Frieden", sagte der Adler. „Was wollt ihr euch
streiten. Es gibt Platz für alle."

Die Vierfüßler und auch die Vögel gaben dem Adler recht.

Sie beschlossen, die Insel zu teilen und in Frieden
zusammen zu leben.

Die Fledermaus aber wurde zur Strafe von den Vögeln

verurteilt, sich alle Federn auszureißen und in Zukunft das Licht des Tages zu meiden.

„Man kann nicht zwei Parteien zugleich dienen", sagten sie zu ihr.

Ein Fuchs und zwei Dummköpfe

Auf der Suche nach einer Beute trafen sich der Löwe und der Bär. Gemeinsam jagten sie ein Hirschkalb. Aber als sie es erlegt hatten, wollte jeder den größeren und besseren Teil.

Sie fingen an zu streiten, zuerst mit Worten, dann mit ihren Pranken und Zähnen.

Ein Fuchs, der zufällig in der Nähe war, sah den Kämpfenden begeistert zu.

Einmal schien der Bär, dann wieder der Löwe zu siegen.

Am Ende aber lagen beide erschöpft am Boden und konnten sich kaum mehr rühren.

Auf diesen Augenblick hatte der Fuchs gewartet.

Er lief hinzu, packte das Kalb und machte sich damit aus dem Staub.

Als der Bär und der Löwe sich wieder erholt, aber noch nicht die Kraft hatten, den Fuchs zu verfolgen, schauten sie sich verdutzt an.

Doch dann begannen sie zu lachen.

„Wenn zwei sich streiten, freut sich der Dritte. Und dafür haben wir Dummköpfe uns halb tot geschlagen."

Das abgebrochene Ziegenhorn

Ein Hirte, der seine Herde zu ihrem Besitzer zurückführte, ärgerte sich über eine störrische Ziege. Immer wieder blieb sie hinter den anderen zurück, um noch ein paar Kräuter zu fressen.

Der Hirte hob einen Stein von der Erde auf und warf ihn der Ziege an den Kopf. Der Stein war so groß und schwer, daß er eines ihrer beiden Hörner zerschmetterte.

Das brachte den zornigen Hirten zur Besinnung. Als er sah, was er angerichtet hatte, wurde ihm angst und bange, nicht vor der Ziege, aber vor seinem Herrn.

Er begann der Ziege zu schmeicheln und bat sie, ihn nicht zu verraten.

„Ich bitte dich, über das Vorgefallene zu schweigen."

Doch die Ziege sagte:

„Ich werde schweigen, das abgebrochene Horn wird für mich sprechen."

Der Löwe und das Denkmal

Eines Tages spazierten ein Mann und ein Löwe zusammen durch die Stadt. Bald begannen sie sich darüber zu streiten, wer von ihnen der stärkere sei. Der Mann konnte nicht aufhören, sich seiner Heldentaten zu rühmen.

Dabei kamen sie auf einen großen Platz.

„Schau dir dieses Denkmal an", sagte der Mann zu dem

Löwen. „Es steht zu Ehren eines Helden hier, der einen Löwen mit bloßen Händen besiegt hat. Ist das nicht ein Beweis dafür, daß wir euch überlegen sind?"

„Ach ja", knurrte der Löwe, „wie schade, daß ich kein Bildhauer bin und daß Löwen nicht in Städten wohnen."

„Warum?" fragte der Mann.

„Ja dann, dann sähen die Denkmäler anders aus."

IV
FABELN
ÜBER HOCHMUT,
EITELKEIT
UND FALSCHEN SCHEIN

Der Esel und das Pferd

Ein Pferd begegnete einem Esel, der zwei schwere Säcke auf seinem Rücken trug.

Unter ihrem Gewicht brach er beinahe zusammen.

Das Pferd tänzelte neben ihm her.

„Wie froh bin ich, kein Esel zu sein", sagte es.

„Ach", meinte der kleine Esel, „hilf mir doch und nimm mir einen meiner Säcke ab."

„Ich soll einem Esel helfen? Was fällt dir ein?" empörte sich das Pferd.

„Die Hälfte meiner Last wäre doch ein Kinderspiel für dich", sagte der Esel nach einer Weile.

„Fauler Geselle", höhnte das Pferd.

„Rette mich", bat der Esel zum letztenmal.

Das Pferd lachte.

„Trag nur zu", sagte es und machte sich noch ein Vergnügen daraus, den Esel mit groben Worten anzutreiben.

Da brach der kleine Esel unter seiner Last zusammen.

Der Müller, dem der kleine Esel gehörte, versuchte ihn wieder auf die Beine zu stellen.

Es gelang ihm nicht.

„Du kommst mir gerade recht", sagte er zum Pferd.

Er packte ihm die ganze Last auf den Rücken und den kleinen Esel noch obendrauf.

Das Reitpferd und der Ackergaul

Ein Reitpferd kam eines Tages an einem Haferfeld vorbei. Da sah es einen Ackergaul, der eben dabei war, das Feld zu pflügen.

Das Reitpferd blieb stehen und schaute ihm eine Weile bei der Arbeit zu.

„Was für ein armseliges Leben", sagte es. Dabei zeigte es dem Gaul seine hübschen Schenkel, scharrte mit seinen eleganten Füßen und warf die Mähne in die Luft.

Der Ackergaul wollte sich in seiner Arbeit nicht stören lassen. Doch das Reitpferd ließ nicht locker und meinte: „Keiner wird dich je bewundern. Du tust mir leid."

Endlich blieb der Gaul einen Augenblick stehen.

„Du mir auch", sagte er. „Ich kann ohne dich leben, du aber nicht ohne mich."

„Warum?" fragte das Reitpferd.

„Wo würdest du den Hafer hernehmen, wenn ich zu stolz wäre, den Pflug zu ziehen?"

Doch das Reitpferd war zu eitel, um über die Frage des Ackergauls nachzudenken.

Der Hahn und die Perle

Ein Hahn, der in einer Pfütze nach Körnern suchte, fand eine Perle. Als er sie aus dem Schmutz herauspickte, begann sie in der Sonne zu glänzen. Der Hahn freute sich

darüber und meinte, es sei ihm ein besonderer Leckerbissen vor den Schnabel gekommen. Aber als er die Perle
zu zerbeißen suchte, war sie nicht nur hart wie Stein,
sondern auch ohne jeden Geschmack.

Der Hahn schüttelte seinen Kamm.

Mir ist unbegreiflich, was die Menschen um dieses runde
Kügelchen für ein Wesen machen, nur weil es glänzt,
dachte er, ein gewöhnliches Gerstenkorn wäre mir lieber
gewesen.

Die Schloßmaus

Im Park eines Schlosses begegneten sich eines Tages eine
Maus und eine Schnecke.

„Wohin so eilig", hänselte die Maus die Schnecke, die
langsam ihres Weges kroch.

Die Schnecke hatte sich längst daran gewöhnt, verspottet
zu werden, und meinte bedächtig:

„Du hast recht, die Schnellste bin ich nicht, dafür trage ich
mein eigenes Haus auf dem Rücken."

Die Maus lachte und zeigte auf das Schloß: „Schau dir
meines an. Ich wohne hinter sicheren Mauern, zwischen
seidenen Gardinenfalten und hinter goldenen Tapeten.
Ich habe keine Sorgen."

Die Maus konnte nicht mehr aufhören zu prahlen und zu
rühmen und sich über das Schneckenhaus lustig zu
machen.

Davon wurde auch eine Katze wach, die hinter einem
Gebüsch geschlafen hatte.
Die Maus versuchte sich zu retten, aber sie war so
erschrocken, daß sie vergeblich nach dem Eingang in das
Riesenschloß suchte.
Die Katze fraß sie mit Haut und Haaren.
Schade um den hübschen Nichtsnutz, dachte die Schnecke,
verkroch sich in ihr kleines bescheidenes Haus und machte
es sich darin gemütlich.

Die Prinzessin und der Zeisig

Auf einem Baum vor dem Fenster einer Prinzessin
wohnten ein Zeisig und eine Nachtigall.
Wenn es dunkel wurde und der Mond am Himmel
erschien, begann einer der beiden Vögel zu singen.
Welcher von den beiden mag es wohl sein, dachte die
Prinzessin. Ich möchte ihn haben.
Als sie am folgenden Morgen dem König von den beiden
Vögeln erzählte und ihn bat, ihr den Sänger zu schenken,
sagte er:
„Gern, aber du mußt selber herausfinden, welcher der
richtige ist."
Als ein Vogelfänger die beiden Tiere in zwei verschiedenen
Käfigen ins Schloß brachte, wunderte sich die Prinzessin.
Der eine war hübsch und bunt, der andere grau und
unscheinbar.

„Überlege wohl, denn du darfst nur einmal wählen", sprach der König.

Die Prinzessin brauchte sich nicht lange zu besinnen.

Sie zeigte auf den Zeisig.

„Nimm ihn", sagte der König und schenkte der Nachtigall die Freiheit wieder.

Als der Mond aufging, wartete die Prinzessin vergeblich auf das wunderbare Lied. Die Nachtigall war weit davongeflogen.

Der Zeisig aber blieb stumm und hatte nicht mehr zu bieten als ein buntes Federkleid.

Der Pfau und die Krähe

Es war einmal eine eitle Krähe, die ihre Artgenossen verachtete und sich nie schön genug war.

Eines Tages fand sie die ausgefallenen Federn eines Pfaus.

„Das ist genau, was ich suche", sagte sie und fing an, sich damit zu schmücken.

Als sie glaubte, niemand würde sie erkennen, mischte sie sich unter die Pfauen.

Doch die schönen Vögel ließen sich von der Verkleidung nicht täuschen.

Mit lautem Geschrei fielen sie über die Krähe her und rissen ihr die fremden Federn wieder aus.

„Hört auf. Laßt mich in Ruhe", schrie die Krähe.

Sie stand wieder da, wie sie Gott erschaffen hatte.

Aber als die Pfauen ihre glänzenden Schwungfedern
entdeckten, sagten sie:
„Auch das sind sicher nicht deine eigenen.“
Und sie hackten so lange auf die Krähe ein, bis von ihrem
natürlichen Kleid nur ein kläglicher Rest übriggeblieben
war.

Der Esel im Löwenfell

Ein Esel, der schon lange keine Lust mehr hatte, die
schweren Säcke in die Mühle zu tragen, schätzte sich
glücklich, als er eines Tages das Fell eines Löwen fand.
Er zog es sogleich über und betrachtete sich voller Stolz in
einem Brunnen.
Die Leute, die ihm auf der Straße begegneten, liefen
davon.
„Ein Löwe, ein Löwe“, schrien sie.
Nun wird sich mein Meister hüten, mich weiter zu quälen
und zu schlagen, dachte der Esel.
Der Mann aber betrachtete ihn eine Weile und schien sich
überhaupt nicht zu fürchten. Ohne eine Wort zu sagen, lud
er ihm eine schwere Last auf den Rücken und trieb ihn mit
seinem Stock an wie bisher.
Der verkleidete Esel schüttelte darüber verwundert seine
Löwenmähne. Er wußte nicht, daß unter seiner
Verkleidung eines seiner langen Ohren hervorguckte und
daß sein Herrn es sogleich entdeckt hatte.

V
FABELN
ÜBER BOSHEIT, GEIZ
UND HABGIER

Der Löwe und die Katze

In einer Höhle am Fuße eines Berges lebte eine Löwe.
Jeden Morgen, wenn er erwachte, wunderte er sich über
seine zerzauste und angefressene Mähne.
Der Grund dafür war nichts anderes als eine Maus, die
sich Nacht für Nacht in seiner Mähne vergnügte.
Der verärgerte Löwe hätte sie gerne gefangen und
gefressen, aber wenn er mit seiner riesigen Pranke nach
der winzigen Maus schlug, verschwand sie in ihrem Loch
und lachte ihn aus.
Dir werde ich's zeigen, dachte der Löwe.
Er ging ins Dorf und fand, was er suchte.
Eine Katze.
„Ich werde dir Fleisch in Hülle und Fülle geben", sprach
der Löwe, „wenn du nur mit mir kommst und dafür sorgst,
eine Maus zu vertreiben."
„Kein Problem", sagte die Katze.
Der Löwe hielt sein Versprechen, gab der Katze genug zu
fressen, und sie sorgte dafür, daß die Maus sich nicht mehr
getraute, aus ihrem Loch herauszukommen.
Aber eines Tages hielt es die Maus vor Hunger nicht mehr
aus.
Sie kam aus ihrem Loch, und die Katze fraß sie auf.
„Erledigt", sagte die Katze zum Löwen und hoffte, für ihre
Tat nun einen besonderen Leckerbissen zu bekommen.
Der Löwe streckte sich.
„Komm", sagte er zur Katze. „Du hast deine Pflicht getan."
Aber anstatt sie zu belohnen, fraß er sie auf.

König Löwe im Elend

Es war einmal ein Löwe, der sich vor Altersschwäche kaum noch rühren konnte.

„Gibt es denn kein Mittel, das mir die Jugend zurückbringt?" fragte er seine Freunde.

Sie kamen in Scharen mit ihren Säften und Pillen.

Doch sie halfen wenig.

Vom Morgen bis zum Abend war die Höhle des Löwen voll von Besuchern. Es war keiner, der es sich entgehen lassen wollte, den König im Elend zu sehen.

Nur der Fuchs hielt sich fern.

Der Wolf aber, der auf den Fuchs nicht gut zu sprechen war, merkte das und dachte: Das ist eine gute Gelegenheit, mich an ihm zu rächen.

„Wo bleibt denn der Fuchs?" fragte er den König. „Er scheint sich wenig um dein Wohlergehen zu kümmern."

„Er soll augenblicklich vor mir erscheinen", befahl der Löwe.

Der Fuchs merkte bald, wer ihm den Zorn des Königs eingebrockt hatte.

„Ich habe Euch zwar noch nicht besucht", sagte er, als er vor dem Löwen stand, „aber dafür habe ich eine Wallfahrt unternommen, um für Eure Gesundheit zu beten. Ich bin mit anderen klugen Füchsen zusammengekommen und habe ihnen von Eurer Altersschwäche erzählt. Was Euch fehlt ist Wärme. Doch dem ist leicht abzuhelfen. Ihr braucht nichts anderes zu tun, als einem Wolf das Fell über die Ohren zu ziehen und es als Schlafrock zu benutzen."

„Der Wolf wird Euch sicher gern zu Gefallen sein", fügte er sanft hinzu.

„Dein Rat scheint mir überzeugend", sagte der Löwe, ließ den Wolf schlachten, verspeiste ihn und hüllte sich in dessen Haut.

Der Hirte und der Bär

Ein Hirte fing sich im Wald einen jungen Bären, legte ihn an eine Kette und nahm ihn mit nach Hause.

Der Bär wird mir die Langeweile vertreiben, dachte der Mann und begann ihm allerlei Kunststücke beizubringen. Mit Schlägen brachte er ihn soweit, ihm Holz und Wasser herbeizutragen, auf den Hinterbeinen zu tanzen und Grimassen zu schneiden.

Wenn der Bär nicht verhungern wollte, blieb ihm nichts anderes übrig, als die Hiebe zu ertragen und sogar die Steine wieder herbeizubringen, die ihm der Mann oft mutwillig an den Kopf warf.

So ist das Leben, dachte er, dem Hund des Hirten geht es auch nicht besser als mir.

Als der Hirte an einem warmen Sommertag ein Nickerchen machte, befahl er dem Bären, ihm die Fliegen von seinem Gesicht zu vertreiben.

Das tat der Bär und jagte die Fliegen mit seinen Tatzen davon. Aber als eine von ihnen besonders lästig wurde, holte der Bär einen großen Stein.

„Warte", brummte er, zielte richtig und traf nicht nur die Fliege, sondern auch den Kopf seines Meisters.

Als der Mann sich nicht mehr rührte, wunderte sich der Bär.

„Ach", flüsterte er ihm ins Ohr, „ich habe doch nur das getan, was ich bei dir gelernt habe."

Danach befreite er sich von der Kette, kehrte in den Wald zurück, um wieder so zu leben, wie es sich für einen Bären geziemt.

Der Geizhals

Ein Geizhals, der fürchtete, sein Geld könne ihm gestohlen werden, kaufte einen großen Klumpen Gold dafür.

Diesen Klumpen vergrub er unter einem Baum im Garten. Jeden Tag ging er hin, um ihn wieder auszuscharren und eine Weile zu betrachten.

Ein Fremder beobachtete ihn bei seinem seltsamen Tun und wurde neugierig. Als er das Gold entdeckte, konnte er der Versuchung nicht widerstehen und stahl es.

Der Geizhals fing schrecklich an zu jammern. Aber es gelang ihm nicht, den Dieb ausfindig zu machen.

„Was kümmerst du dich denn so?" sagte seine Frau.

„Nimm doch einen schweren Stein und bilde dir ein, es sei dein Gold; dann ist es doch dasselbe."

Doch der Geizhals verstand nicht, was die Frau ihm mit diesen Worten sagen wollte. So lange er lebte, hörte er nicht auf, jedem die Geschichte des verschwundenen Goldklumpens zu erzählen und den Dieb zu verfluchen.

Den Leuten fiel es schwer, ihn ihre Schadenfreude nicht merken zu lassen. Ob der Dieb etwas Besseres gemacht hat, als das Gold in der Erde zu vergraben, wissen wir nicht. Hans im Glück kann der Dieb nicht gewesen sein, denn er hatte seinen Klumpen mit ehrlicher Arbeit verdient.

Der rachsüchtige Bauer

Ein Fuchs hatte einem Bauern ein Huhn gestohlen. Darauf stellte der Mann eine Falle auf.

Schon am anderen Tag verfing sich der Fuchs darin.

„So, hab ich dich endlich, du Räuber", höhnte der Bauer.

Doch es war ihm nicht genug, dem Fuchs das Fell über die Ohren zu ziehen.

„Heute abend wirst du eine lebende Fackel sehen", versprach er seinem Nachbarn.

Er holte eine Zündschnur, tauchte sie ins Öl und band sie dem Fuchs an den Schwanz.

Als es dunkel wurde, hielt er ein Streichholz an die Zündschnur und ließ den Fuchs laufen.

Verzweifelt rannte das brennende Tier in das reife Korn
des Bauern hinein. Es dauerte nicht lange, so stand das
riesige Feld in Flammen.

Der Fuchs verkohlte, der rachsüchtige Bauer aber wurde
von einem Augenblick auf den anderen ein armer Mann.
Er raufte sich die Haare und wäre gern bereit gewesen,
dem Fuchs alle seine Hühner zu überlassen, wenn er damit
seine grausame Tat hätte rückgängig machen können.

Die goldene Axt

Ein Holzhauer arbeitete am Ufer eines Flusses. Da glitt
ihm die Axt aus den Händen und fiel ins Wasser.

Der Mann setzte sich auf einen Baumstrunk und weinte.
Ohne mein Werkzeug bin ich hilflos, dachte er.

Da kam ein Hecht dahergeschwommen und fragte ihn
nach dem Grund seines Kummers.

Der Holzhauer erzählte ihm, was passiert war.

„Ich will versuchen, deine Axt wiederzufinden", tröstete
ihn der Fisch und verschwand.

Als er wieder auftauchte, hielt er ein Beil aus Gold
zwischen seinen Zähnen.

„Ist das die Axt, die dir ins Wasser gefallen ist?" fragte der
Hecht.

„Nein", antwortete der Mann, „das ist nicht meine."

Da verschwand der Hecht abermals in die Tiefe des Flusses und erschien mit einem anderen Beil. Es war aus Silber.

„Schön ist es", sagte der Holzhauer, „aber es gehört mir nicht."

Da tauchte der Hecht zum drittenmal unter. Als er wieder an die Oberfläche kam, legte er dem Mann ein gewöhnliches Beil vor die Füße.

„Das ist sie, meine alte Axt", rief der Mann.

Sie war nur aus Eisen, doch der Holzhauer war glücklich, damit seine begonnene Arbeit beenden zu können.

„Behalte auch die andern beiden", sagte der Hecht und schwamm davon.

Die Freunde des Holzhauers staunten, als er ihnen das goldene und das silberne Beil zeigte und erzählte, was ihm widerfahren war. Einer von ihnen ging am anderen Tag ebenfalls an den Fluß, aber nicht um zu arbeiten, sondern um sein Werkzeug absichtlich ins Wasser fallen zu lassen. Tatsächlich erschien derselbe Hecht und fragte ihn, was er im Wasser verloren habe.

„Meine Axt", sagte der Mann.

Der Hecht tauchte auf den Grund des Flusses und brachte wie am Tag zuvor ein goldenes Beil an die Oberfläche.

„Wahrhaftig", schrie der Mann, „das ist die Axt, die mir ins Wasser gefallen ist."

„Dann soll sie im Wasser bleiben", sagte der Hecht, verschwand mit dem goldenen Werkzeug und wurde nie wieder gesehen.

Die Ameise und die Grille

Eine Grille hatte sich den ganzen Sommer lang ein Vergnügen daraus gemacht, zu singen und von der Hand in den Mund zu leben.

Als aber der Winter kam, fand sie weder eine Fliege noch eine Mücke, um ihren Hunger zu stillen.

In ihrer Nachbarschaft lebte eine Ameise, die den Sommer damit verbracht hatte, Vorräte zu sammeln.

Bestimmt wird sie mir bis zum nächsten Frühling davon leihen, dachte die Grille.

„Du kannst sicher sein, daß ich dir alles, was du mir jetzt gibst, im nächsten Jahr zurückzahlen werde."

Die Ameise kratzte sich mit den Vorderbeinen am Kopf und fragte:

„Was tatest du denn während der vergangenen Erntezeit?"

„Ich habe gesungen", antwortete die Grille.

„Gut so", spottete die Ameise, „wer im Sommer singt, der soll im Winter tanzen."

Mit diesen Worten verschwand sie wieder in ihrem Bau und ließ die Grille in der Kälte stehen.

Der Wolf und das Lamm

An einem Bach begegneten sich ein Wolf und ein Lamm. Beide waren dabei, Wasser zu trinken. Der Wolf stand oben, das Lamm ein wenig weiter unten.

„Warum trübst du mir das Wasser?" fragte der Wolf das Lamm.

„Wie kann ich dir das Wasser trüben?" fragte das Lamm erschrocken. „Ich stehe ja unterhalb. Das Wasser fließt von dir zu mir."

„Was erlaubst du dir, mich auch noch zu belehren", schrie der Wolf. „Schon seit einem halben Jahr läufst du herum und verleumdest mich."

„Vor einem halben Jahr war ich noch gar nicht auf der Welt", wehrte sich das Lamm. „Also kann ich es nicht gewesen sein."

„Aber sicher warst du es, der auf meinen Äckern das Korn abgenagt hat."

„Auch das ist nicht möglich", sagte das Lamm. „Ich habe ja noch gar keine Zähne."

„Um Ausreden scheinst du nicht verlegen zu sein. Dann war es eben dein Vater, der mir das alles angetan hat. Und das sollst du büßen."

Er packte das unschuldige Lamm und fraß es.

Das Lamm und der Wolf

An einem Bach begegnete ein Lamm einem alten Wolf. Es erkannte ihn gleich wieder. Er war derselbe, der vor einigen Wochen seinen Bruder gefressen hatte. Auch hatte es nicht vergessen, mit welchen falschen Anschuldigungen der Räuber das Lamm erschreckt hatte.

Als der Wolf das Lamm erblickte, nahm er sich vor, den Spaß zu wiederholen.

„Wie kannst du es wagen, aus dem gleichen Bach wie ich zu trinken", sagte er drohend.

„Es gibt doch Wasser genug", versuchte das Lamm den Wolf zu besänftigen.

„Aber du machst es mir schmutzig", knurrte der Wolf.

„Mein lieber Wolf", sagte das Lamm. „Wie kann ich dir das Wasser schmutzig machen. Ich trinke doch unterhalb. Das Wasser fließt von dir zu mir."

„Genau so hat dein Bruder geredet. Nun wirst auch du für deine Frechheit büßen müssen", schrie der Wolf.

Das Lamm lachte.

„So komm und friß mich."

Erst jetzt merkte der Wolf, daß sein Opfer auf der anderen Seite des breiten Baches stand und in Sicherheit war.

Der Wolf knirschte mit den Zähnen.

Aber weil er nicht dulden konnte, von einem Lamm verspottet zu werden, sagte er:

„Du hast Glück, daß ich heute milde gestimmt bin. Ich will dich noch einmal verschonen."

Hungrig lief er davon.

Das Lamm aber löschte seinen Durst und freute sich, daß der Schwache einmal über den Starken gesiegt hatte.

Der Kranich und der Wolf

Einem Wolf, der ein Schaf verschlungen hatte, blieb ein Knochen im Hals stecken.

Verzweifelt hielt er nach Hilfe Ausschau.

„Wer mich von dem Knochen befreit, soll reich belohnt werden."

Doch die Tiere, die sonst vor ihm davonliefen, standen nun im Kreis um ihn herum, lachten und verspotteten ihn.

Der Wolf wäre erstickt, wenn nicht ein Kranich Mitleid mit ihm gehabt hätte.

Mit seinem langen Schnabel fuhr er in den Rachen des Wolfes und zog den Knochen heraus.

Aber als der Vogel den versprochenen Lohn forderte, sagte der Wolf:

„Du kannst mir dankbar sein, daß ich dich lebendig aus meinem Rachen entkommen ließ. Das ist schon Lohn genug."

Der Wolf auf dem Totenbett

Ein Wolf lag auf dem Totenbett und blickte auf sein langes Leben zurück. Der Fuchs, sein Freund, saß neben ihm und hörte geduldig zu.

„Es stimmt, ich bin ein alter Sünder", sagte der Wolf, „aber bestimmt gibt es noch Schlimmere als mich. Ich habe nicht nur Böses getan."

„Woran denkst du denn?" fragte sein ehemaliger Spieß-
geselle.

„Erinnerst du dich an das Lämmchen, das ich laufen ließ,
obwohl es an mir vorbeispazierte?"

„Ja", lachte der Fuchs, „ich erinnere mich."

„Und als alle Vierbeiner mich verspotteten und mich
schmähten, da tat ich, als ob ich sie nicht hörte. Weißt du
es noch?"

„Ja, ich weiß es noch", sagte der Fuchs.

„Das ist noch gar nicht lange her."

„Nein", sagte der Fuchs, „das ist noch gar nicht lange her.
Das war an jenem Tag, als dir ein Knochen in deinem
Schlunde steckenblieb und du erstickt wärest, wenn nicht
ein Kranich ihn dir aus dem Rachen gezogen hätte."

„Und auch ihm habe ich keine Feder gekrümmt", seufzte
der Wolf, „also wird der Schöpfer mit mir Erbarmen
haben."

Der Schöpfer, der den beiden alten Räubern zuhörte,
lachte bei diesen Worten in seinen Bart. Ja, er würde mit
dem Wolf und auch dem Fuchs Erbarmen haben.

Wie das Lämmchen und der Kranich waren auch sie seine
Geschöpfe, keines weniger und keines mehr.

VI
FABELN
ÜBER DIE KUNST,
ANDERE ZUM NARREN
ZU HALTEN

Das Zicklein und der Wolf

Ein Zicklein, das hinter seiner Herde zurückgeblieben war, wurde von einem Wolf verfolgt.

Anstatt davonzurennen, blieb es stehen und sagte:

„Du bist auf jeden Fall stärker als ich, du wirst mich fressen. Aber bevor ich sterben muß, möchte ich noch einmal tanzen und lustig sein.“

Der gutgelaunte Wolf lachte.

Ein tanzendes Nachtmahl, dachte er, das wird eine hübsche Vorstellung.

„Ich will dir deine Bitte gewähren“, sprach er.

„Dann bitte ich dich, zu meinem Tanz die Flöte zu spielen“, sagte das Zicklein.

„Warum soll ich nicht einmal Flöte spielen“, lachte der Wolf und blies in das Instrument so laut er konnte.

Das hörten die Hunde des Hirten.

Sogleich kamen sie mit wütendem Gekläff angerannt.

Bevor sich der Wolf aus dem Staube machte, sagte er:

„Das geschieht mir recht. Ich bin ein Fleischfresser und kein Flötenspieler.“

Das Zicklein gab ihm darauf keine Antwort mehr und kehrte vergnügt zu seiner Herde zurück.

Der Hund und der Hahn

Auf einem Bauernhof lebten ein Hund und ein Hahn.
Und weil dem Hahn das Bellen des Hundes und dem
Hund das Krähen des Hahns gefiel, beschlossen sie eines
Tages zusammen einen Ausflug zu machen.
Als es Nacht wurde, suchten sie nach einer Unterkunft.
Der Hahn entdeckte einen hohlen Baum und sagte:
„Das ist genau die richtige Herberge für uns. Du schläfst
unten im hohlen Stamm und ich oben im Geäst."
Der Hund war einverstanden.
Wie gewöhnlich fing der Hahn schon in aller Frühe zu
krähen an und weckte mit seiner Stimme nicht nur seinen
Reisegefährten, sondern auch einen Fuchs, der in der Nähe
hauste.
Er kam sofort angelaufen.
„Es geschehen Wunder", rief er, „ein stolzer Hahn mitten
im Wald. Wer hat schon so etwas gehört. Komm herunter,
laß dich willkommen heißen und umarmen."
„Ach, mein lieber Fuchs", gackerte der Hahn, „ich habe
meinen Türwächter mitgebracht. Er schläft unten am Fuße
des Stammes. Er muß mir zuerst die Tür aufmachen, bevor
ich heruntersteigen und dich begrüßen kann."
Der Hund aber, der bereits wach und auf der Hut war,
stürzte sich auf den Fuchs und trieb ihn in die Flucht.
Danach kehrten der Hund und der Hahn nach Hause
zurück. Sie erzählten den staunenden Hühnern, was sie
erlebt hatten, und ließen sich dafür auch gebührend
bewundern.

Der Fuchs und der Hahn

Auf einem Bauernhof begegneten sich ein Fuchs und ein Hahn. Der Hahn war eben dabei einen neuen Tag zu verkünden. Der Fuchs hatte große Lust, den Hahn zu fressen, doch der Hahn war auf der Hut.
Da sprach der Fuchs zu ihm:
„Beruhige dich, mein lieber Freund, ich bin nur gekommen, um deine Stimme mit der deines Vaters zu vergleichen. Ob du wohl auch so gut singen kannst wie er?"
„Natürlich kann ich das", sagte der Hahn.
„So beweise es mir."
Da plusterte sich der Hahn auf, schloß die Augen und begann so laut zu krähen, daß die Bäuerin erwachte.
Als sie vor das Haus trat, sah sie eben noch, wie der Fuchs den Hahn packte und davonlief.
„Der Fuchs trägt meinen Hahn davon", schrie sie.
„Hast du gehört, was die Bäuerin geschrien hat?" fragte der Hahn den Fuchs. „Gib ihr Antwort und sag ihr, daß ich der deine bin."
Keine schlechte Idee, dachte der Fuchs, ließ den Hahn los und schrie zurück:
„Das ist meiner und nicht deiner."
„Du lügst", lachte der Hahn, der sich schnell auf einen Baum hinauf geflüchtet hatte. „Du lügst, ich bin der Hahn der Bäuerin und nie der deine."
Der Fuchs war klug genug, um sich einzugestehen, daß ihm seine List mißlungen war.

Er schlug sich aufs Maul: Du redest unnützes Zeug und viel zuviel. Hättest du geschwiegen, wäre der Hahn der deine geblieben.

Der Fuchs und der Storch

Ein Fuchs, der in der Nähe eines Weihers lebte und einen Storch zum Nachbarn hatte, lud diesen eines Tages zum Essen ein.

Er kochte eine köstliche Suppe und richtete sie auf einem flachen Teller an.

Dem Storch lief das Wasser im Schnabel zusammen.

„Greif zu", sagte der Fuchs zu seinem Gast.

Doch von der flachen Platte versuchte der Storch vergeblich, einen Schluck der Flüssigkeit in seinen Schnabel zu bekommen.

„Meine Suppe scheint dir nicht besonders zu schmecken", sagte der Fuchs scheinheilig und leckte sie vor den Augen des Storches bis auf den letzten Tropfen auf.

„Nimm es mir nicht übel" antwortete der Storch, „ich habe heute keinen Hunger. Aber ich bitte dich, mir morgen einen Gegenbesuch zu machen."

„Gern", sagte der Fuchs.

Als der Fuchs am folgenden Tag beim Storch erschien, drang ihm schon von weitem der Geruch eines guten Essens in die Nase.

„Greif zu", sagte der Storch genauso höflich, wie der Fuchs

es am Tag vorher getan hatte, und stellte eine hohe Flasche auf den Tisch.

Durch das Glas erblickte der Fuchs die Leckerbissen, aber mit seiner Zunge konnte er auch nicht einen Happen erwischen.

„Mein lieber Fuchs" sagte der Storch. „Wie ich gestern, scheinst heute du keinen Hunger zu haben. Das tut mir leid."

Der Storch ließ sich sein Essen mit dem spitzen Schnabel schmecken. Der Fuchs aber machte sich mit leerem Magen und eingezogenem Schwanz davon.

Der Fuchs und der Rabe

Ein Rabe hatte ein Stück Käse ergattert und trug es in seinem Schnabel davon.

Er setzte sich auf einen Baum, um die Beute in Ruhe zu verzehren.

Da kam ein Fuchs vorbei.

Als er den Vogel mit dem Käse erblickte, lief ihm das Wasser im Mund zusammen. Doch er gab sich Mühe, seine Gier zu verbergen, und sagte:

„Ach, Herr Rabe, guten Tag. Wie geht's, wie steht's?"

Der Rabe schien keine Lust zu haben, den Gruß zu erwidern.

Da fuhr der Fuchs fort:

„Wie schön und prächtig ist dein Gefieder."

Der Rabe schwieg weiter.

„Sogar ich fürchte die Kraft deiner Fänge", sagte der Fuchs.

Der Rabe reckte sich vor Stolz.

„Deine Brust ist der des Adlers gleich", schmeichelte der Fuchs. „Schade nur, daß du stumm bist."

Doch diesen Vorwurf wollte nun der aufgeblähte Rabe nicht auf sich sitzen lassen.

Ohne sich die Folgen zu überlegen, fing er laut an zu krächzen.

Der Käse fiel auf die Erde.

„Was für eine wunderbare Stimme", spottete der Fuchs, packte den Käse und ließ ihn sich schmecken.

Der Rabe und der Fuchs

Ein Rabe, der ein Stück Käse ergattert hatte, war eben daran, es auf einem Baum zu verzehren.

Angelockt von dem köstlichen Geruch, kam ein Fuchs daher.

Er fing an dem Raben zu schmeicheln, nicht nur sein glänzendes Gefieder, sondern vor allem auch seine Stimme zu rühmen. Er hoffte, den Raben zu verführen, seinen Schnabel zu öffnen und den Käse fallen zu lassen.

Dem Raben entging von der Rede des Fuchses kein Wort. Es wäre gelogen, zu sagen, daß sie ihm nicht gemundet hätte. Aber noch mehr mundete ihm der Käse. Mit hängender Zunge sah der Fuchs, wie das Stück kleiner und kleiner wurde und endlich der letzte Bissen durch den Hals des Raben herunterrutschte.

„Was eben geschah", krächzte nun der Rabe, „das haben mir schon mein Vater, mein Großvater und Urgroßvater erzählt, nur nahm die Geschichte für uns Raben ein böses Ende. Doch wie du siehst, mein lieber Fuchs, habe ich sie mir gemerkt. Nun werden sich unsere Nachkommen daran gewöhnen müssen, daß Füchse weniger schlau und Raben klüger sind, als unsere Vorfahren es uns glauben machten, Äsop, Phädrus, Luther, La Fontaine und wie sie alle hießen.

Nach seiner Niederlage hatte der Fuchs keine große Lust, sich die Belehrungen des Raben weiter anzuhören.

Doch der Rabe rief ihm nach.

„Der Käse hätte ja auch vergiftet sein können, so wie es der Dichter Lessing erzählte, und nicht der Rabe, sondern der Fuchs ist daran gestorben. Also sei froh, daß du wenigstens noch lebend deines Weges ziehen kannst."

Das Bärenfell

Zwei Jäger entdeckten im Wald die Spuren eines großen Bären.

„Den werden wir bald haben", sagten sie.

Am Abend saßen sie im Wirtshaus und prahlten laut von ihrer Entdeckung. Sie ließen sich ein gutes Essen kommen und tranken dazu auch noch vom besten Wein.

Als es aber ans Zahlen ging, hatten sie keinen Pfennig in der Tasche.

„Wir werden mit dem Bären bezahlen", trösteten sie den Wirt, „sein Fell gehört dir."

Am folgenden Tag brauchten die beiden Prahler den Bären gar nicht zu suchen.

Plötzlich trat er zwischen zwei Tannen hervor und kam brummend auf die beiden Jäger zu.

Der eine kletterte vor Schreck so schnell er konnte auf den nächsten Baum, während der andere sich auf den Boden legte und totstellte.

Der Bär beroch ihn eine Weile lang von allen Seiten.

Dann trollte er sich gemütlich wieder davon.

Die Männer waren froh, mit dem Schrecken davon-gekommen zu sein.

„Was hat dir denn der Bär ins Ohr geflüstert?" fragte der Kletterer seinen Kameraden.

„Er hat gesagt, wir sollten in Zukunft sein Fell erst verkaufen, wenn wir es hätten."

Es blieb ihnen nichts anderes übrig, als ihre Schulden beim Wirt doch noch mit barem Geld zu bezahlen.

VII
FABELN
ÜBER DUMMHEIT
UND SCHADENFREUDE

Das Versprechen des Wolfes

Ein Wolf geriet eines Tages in die Falle eines Bauern.
„Endlich hab ich dich", sagte der Mann, „nun geht es dir
an den Kragen."
Der Wolf begann am ganzen Leib zu zittern.
Mit erbärmlicher Stimme versprach er, die Schafe von nun
an in Ruhe zu lassen.
„Ich schwöre dir hoch und heilig, in Zukunft nur noch
Kräuter oder höchstens Fische zu fressen."
Der Bauer ließ sich überreden.
„Meinetwegen", sagte er, öffnete die Falle und ließ den
Dieb laufen.
Kaum aber hatte sich der Wolf ein paar Schritte entfernt,
entdeckte er ein Ferkel, das sich in einem Tümpel suhlte.
„Ah", rief er, „ein Tier, das im Wasser lebt, das ist
bestimmt ein Fisch."
Er stürzte auf das Ferkel zu, und bevor der Bauer entdeckt
hatte, was da geschah, war der Wolf mit seiner Beute
zwischen den Zähnen auf und davon.

Der Fuchs im Brunnen

Ein Fuchs, der in einen Brunnen gefallen war, wußte nicht,
wie er wieder herauskommen sollte.
Da kam zu seinem Glück ein durstiger Ziegenbock des
Weges.

Als er den Brunnen entdeckte, freute er sich:

„Ist das Wasser gut?" fragte er den Fuchs.

Der Fuchs gab sich Mühe, seine Angst dem Ziegenbock zu verbergen und sagte:

„Oh, das Wasser ist ausgezeichnet, klar und frisch."

„Genau das, wonach ich mich sehne", sagte der Ziegenbock und stürzte sich, ohne lange zu überlegen, ebenfalls in den Brunnen hinein.

Nachdem er seinen Durst gelöscht hatte, fragte er:

„Wie sollen wir denn hier wieder herauskommen?"

„Oh, das laß meine Sorge sein", beruhigte ihn der Fuchs.

„Du brauchst nichts anderes zu tun, als deine Vorderbeine gegen die Wand zu stemmen und dich zu strecken. Dann werde ich über deinen Rücken und deine Hörner auf den Rand des Brunnens klettern und auch dir heraushelfen."

Der Ziegenbock tat, was ihm der Fuchs befohlen hatte.

Und bevor er Zeit hatte, sich lange zu besinnen, stand der Fuchs auf dem Rand des Brunnens.

„Nun sieh zu, wie du herauskommst", rief der in den Brunnen hinunter.

Der Ziegenbock erinnerte ihn an sein Versprechen, doch der Fuchs spottete:

„Wie sollte ich ein so großes und schweres Tier wie dich aus dem Brunnen herausziehen können. Wenn du so viele Gedanken im Kopf hättest, wie Haare im Bart, hättest du dir das früher überlegt."

Der Hahn und seine Hühner

Auf einem Bauernhof lebte ein Hahn mit fünf Hennen.
Eines Morgens sagte er zu ihnen:
„Die Bäuerin ist ausgegangen und hat das Haus offen
gelassen. Laßt uns in die Küche gehen. Sie ist voll von
guten Dingen."
„Nein", gackerten die Hennen. „Die Frau kommt bestimmt
bald wieder zurück. Dann jagt sie uns mit dem Besen
davon. Wir bleiben, wo wir sind, im Hühnerhof."
Doch der Hahn schilderte ihnen die Küche in den
schönsten Farben und schimpfte auf die Bäuerin, die ihnen
nichts anderes als Körner gönne.
„Er hat recht", sagte eine der Hennen, und die anderen
stimmten ihr endlich bei.
Kaum waren die Hühner in der Küche, um sich nach den
versprochenen Leckerbissen umzusehen, kam die Bäuerin
wieder nach Hause.
„Ihr vermaledeites Federvieh", schrie sie und griff nach
dem Besen.
Die Hennen stoben gackernd davon.
Der Hahn lachte.
„Hätten wir doch nicht auf dich gehört", schimpften die
Hühner. „Wir sind wieder einmal auf dich hereingefallen."
„Ich hab's euch doch gesagt", krähte der Hahn.
Diese Frechheit verschlug den Hennen die Sprache.
Sie suchten nach den Körnern, die ihnen die Bäuerin
gestreut hatte, doch der Hahn, der draußen geblieben war,
hatte sie längst alle aufgepickt.

Der Hirte und das Meer

Am Ufer des Meeres weidete ein Hirte seine Schafe. Sehnsüchtig betrachtete er die Schiffe, die am Horizont an ihm vorbeisegelten. Das Meer war ruhig und glatt wie ein Spiegel.

Es muß herrlich sein übers Meer zu fahren und sein Geld mit Seehandel zu verdienen, dachte der Hirte.

Ohne lange zu überlegen, verkaufte er seine Herde, erwarb sich ein Boot voller Datteln und machte sich auf den Weg übers Wasser in ein fremdes Land.

Doch als er mitten auf dem Meer war, erhob sich ein Sturm.

Es blieb ihm nichts anderes übrig als die mit Datteln gefüllten Körbe ins Wasser zu werfen. Er rettete damit sein Leben und auch das Boot. Mit Freuden tauschte er es wieder gegen ein paar Schafe.

Als er mit ihnen kurz darauf am Ufer des Meeres lagerte, kam ein Wanderer daher und konnte sich nicht genug tun, die Schönheit und die Ruhe des Meeres zu bewundern.

„Ja", sagte der Hirte, „das Meer zeigt sich still, ich bin sicher, es hat Lust auf Datteln."

Weil der Fremde nicht verstand, was der Schäfer mit den Worten meinte, und dieser es ihm auch nicht erklären mochte, schüttelte er den Kopf und dachte, er sei einem Verwirrten begegnet.

Der Esel und das Salz

Ein Esel war mit Salz beladen. Sein Weg führte ihn auch durch einen Bach. Er stolperte über einen Stein und fiel ins Wasser. Als er wieder aufstand, waren die Säcke auf seinem Rücken viel leichter geworden. Im Wasser hatte sich ein Teil des Salzes aufgelöst.
Das will ich mir merken, dachte der Esel.
Als er einige Tage darauf den gleichen Bach wieder durchqueren mußte, ließ er sich absichtlich ins Wasser fallen. Aber als er aufstehen wollte, war die Last auf seinem Rücken so schwer geworden, daß er darunter zusammenbrach.
Die Säcke auf seinem Rücken waren diesmal nicht mit Salz, sondern mit Schwämmen gefüllt.

Die Henne und die goldenen Eier

Es war einmal ein Mann, der eine Henne besaß, die ihm jeden Tag ein goldenes Ei bescherte.
Eine Zeitlang war er damit zufrieden und freute sich über sein Glück.
Doch eines Tages dachte der Mann:
Was für eine Menge Gold muß die Henne in ihrem Bauch haben. Ich will das Ganze auf einmal haben. Was soll ich mich mit einem Ei begnügen.
Ohne weiter zu überlegen, schlachtete er das Tier.

Aber als die Henne aufgeschnitten vor ihm lag, mußte er feststellen, daß die Henne in ihrem Innern keinen Klumpen Gold hortete, sondern genauso wie alle anderen Hennen beschaffen war.

Der Hund und sein Spiegelbild

Ein Hund hatte ein Stück Fleisch ergattert und machte sich mit seiner Beute im Maul davon.
Er kam damit an einen Fluß.
Als er ihn auf einer niedrigen Brücke überquerte, entdeckte er plötzlich seinen Schatten im Wasser.
Er dachte nun, das sei ein Hund mit einer noch größeren Beute.
Sogleich ließ er die eigene fahren und fuhr auf sein Spiegelbild los.
Während er immer wieder vergeblich mit seiner Schnauze ins Wasser stieß, wurde sein Fleisch vom Wasser weggetrieben. Und dem Hund blieb nichts übrig als seine Habgier.

VIII
FABELN
ÜBER DIE KLUGHEIT
UND ALLERLEI
ERFAHRUNGEN

Die kluge Krähe

Eine Krähe, die an einem heißen Sommertag nach Wasser
suchte, entdeckte in einer Laube endlich einen großen
Tonkrug, der auf seinem Boden noch eine ganze Menge
von der begehrten Flüssigkeit enthielt. Sie strengte sich an,
mit dem Schnabel auf den Grund des Kruges zu kommen.
Es gelang ihr nicht, und um hineinzuschlüpfen, war der
Hals des Kruges zu eng.
Lange versuchte sie den Krug mit aller Kraft umzustoßen,
aber er wankte nicht von der Stelle.
Da entdeckte die Krähe einen Kiesweg. Nun begann sie
ein Steinchen nach dem anderen aufzupicken und in den
Krug zu werfen.
Und sie wurde nicht müde, bis das Wasser so weit
gestiegen war, daß sie es bequem trinken konnte.
Nicht die Kraft, sondern die Klugheit hatte sie zum Ziel
geführt.

Die vernünftige Mäusefrau

In einem verlassenen Haus nisteten sich ein paar Mäuse
ein. Weil sie sich zwischen den alten Mauern wohl und
sicher fühlten, vermehrten sie sich.
Das merkte auch eine Katze, die in der Nähe wohnte.
Was soll ich mich mühen und auf dem Feld stundenlang
vor einem Mauseloch sitzen, wenn mir die Beute hier über

die Pfoten rennt, sagte sie sich und zog ebenfalls in das
Haus ein.

Für die Katze begann ein Leben wie im Schlaraffenland.
Es gab Mäuse im Überfluß. Sie liefen der Katze in den
Rachen, ohne daß sie sich anzustrengen brauchte.

Die Zahl der Mäuse wurde von Tag zu Tag kleiner.
Sie machten sich Sorgen und viele Pläne, wie sie den
Räuber verjagen könnten. Aber wenn sie die immer fetter
werdende Katze nur von weitem erblickten, begannen sie
vor Angst zu zittern und davonzurennen.

„Wir müssen uns so lange in unseren Löchern verstecken,
bis die Katze hungrig wird und weggeht", sprach ein kluger
Mäuserich.

Am folgenden Morgen wartete die Katze vergeblich auf
eine Beute. Da kletterte sie unter das Dach, kreuzte ihre
Hinterbeine und hängte sich Kopf voran an einen Balken.
Sie stellte sich tot und schwang im Luftzug wie ein Sack
hin und her.

„Schaut", schrie der Mäuserich, der vorsichtig den Kopf aus
seinem Loch streckte, „meine Idee war gut. Die Katze ist
tot, sie hat sich aufgehängt."

„Unsinn", sagte seine Frau.

„Auch wenn du wie ein Sack am Balken hängst, wir
bleiben, wo wir sind", piepste sie so laut sie konnte aus
dem Loch heraus.

Da verließ die Katze das Haus und kam nie mehr wieder.

Der Hirtenjunge und der Wolf

Es war einmal ein junger Hirte, der in der Nähe eines
Dorfes seine Schafe hütete. Wenn er nichts zu tun hatte,
zählte er die Wolken am Himmel oder versuchte im Bach
Fische zu fangen. Bald aber hatte er genug davon.
Es wurde ihm langweilig.
Da dachte er sich einen Streich aus.
„Ein Wolf, ein Wolf", schrie er eines Nachts so laut er
konnte.
Die Leute im Dorf erwachten. Mit Stöcken bewaffnet
kamen sie angelaufen.
Doch als sie auf die Weide kamen, stand der Hirte mitten
unter seinen Schafen und lachte.
„Ich wollte euch nur ein wenig zum Narren halten", rief er.
Erbost kehrten die Leute in ihre Häuser zurück.
Einige Zeit später hatte der Junge Lust, den Streich zu
wiederholen.
„Ein Wolf, ein Wolf", schrie er und hörte nicht auf, bis die
Männer und Frauen zum zweitenmal erschienen.
Aber auch diesmal war weit und breit kein wildes Tier zu
sehen.
Doch eines Tages kam der Wolf wirklich, und ohne sich vor
dem Jungen zu fürchten, fiel er über die Schafe her.
„Hilfe, ein Wolf", schrie der Junge.
Doch im Dorf blieben die Leute ruhig in ihren Betten
liegen, drehten sich zur Seite und schliefen weiter.

Menschengeschwätz

Ein hungriger Wolf kam eines Tages an einem Haus vorbei und schlich sich vor das offene Stubenfenster.

In der Stube saß eine Frau mit einem Kind auf dem Arm, das entsetzlich schrie.

„Wenn du nicht endlich aufhörst, kommt der Wolf und frißt dich", sagte die Frau zu dem Kind.

Da bin ja am richtigen Ort, dachte der Wolf, setzte sich vor die Haustüre und wartete.

Doch er wartete vergeblich.

Das Kind hatte aufgehört zu schreien, und die Frau begann mit ihm zu schäkern und zu schmusen.

„Und wo bleibt der Wolf?" fragte das Kind.

Die Frau lachte.

„Wenn er kommt, dann stechen wir ihn tot", sagte sie.

Da machte sich der Wolf schleunigst davon.

„Warum bringst du denn heute nichts zu essen mit?" fragte seine Frau.

„Eine gute Frage", knurrte der Wolf und erzählte der Wölfin, was er eben erlebt hatte.

„Ich bin wieder einmal mehr auf das Geschwätz eines Menschen hereingefallen", sagte er.

Nur eine gute Idee

Mitten im Winter wohnte eine Mäusefamilie in einer Scheune, tat sich an den Körnern gütlich und wartete auf den Frühling.

Wenn nur die Katze nicht gewesen wäre.

Tag und Nacht schlich sie in allen Ecken und auf den Böden herum.

Es verging kaum ein Tag, an dem der Katze nicht eine der Mäuse zum Opfer fiel.

„Was sollen wir nur machen?" klagten sie.

Eine Maus, die auf ihre Klugheit stolz war, meinte:

„Das ist doch ganz einfach: Wenn die Katze ein Glöckchen um den Hals trüge, könnten wir sie immer früh genug hören und rechtzeitig verschwinden."

„Eine ausgezeichnete Idee", lobten die anderen Mäuse, „eine kleine Glocke muß her."

„Ja", meinte darauf eine junge Maus, „eine Glocke ist leicht zu beschaffen, aber vorher sollten wir den bestimmen, der sie der Katze um den Hals hängt."

Da schwiegen alle, und eine nach der anderen machte sich heimlich davon.

So blieb der gute Plan ein leerer Wahn, und die Katze konnte sich weiterhin an kleinen und großen Mäusen gütlich tun.

Stadtmaus und Feldmaus

Eine Stadtmaus, die an einem schönen Sommertag übers Land spazierte, begegnete einer Feldmaus. Sie kamen miteinander ins Gespräch, redeten über dies und das, und die Feldmaus sagte endlich:

„Komm, ich lade dich ein. Es soll dir an nichts fehlen."

„Ich lasse mich gerne überraschen", meinte die Stadtmaus gnädig.

Die Feldmaus tischte ihr voller Freude auf, was sie hatte: Eicheln, Nüsse, Gerste und Wurzeln.

Die Stadtmaus knabberte an allem und rümpfte die Nase.

„Was für ein armseliges Leben", sagte sie mitleidig.

„Komm mit mir in die Stadt. Da wirst du staunen, was ich dir auftischen werde."

Die Feldmaus, die bei den Worten der Stadtmaus neugierig und auch ein wenig neidisch geworden war, nahm die Einladung gerne an.

Die Stadtmaus hatte nicht übertrieben.

Das Haus, in dem sie wohnte, war prächtig. Und als sie erst die Kammer betraten, in der Würste von der Decke hingen, Brot und Käse auf Gestellen lagen, auch Speck und Fleisch im Überfluß vorhanden waren, konnte sich die Feldmaus vor Staunen kaum erholen.

„Greif nur zu", sagte die Stadtmaus.

Das ließ sich die Feldmaus nicht zweimal sagen.

Aber als sie eben dabei war, in einen Käse zu beißen, drehte sich ein Schlüssel in der Tür, ein Ungetüm kam herein und machte sich in der Kammer zu schaffen.

Die Feldmaus lief verzweifelt hin und her, von einer Ecke zur anderen, die Wand hinauf und wieder hinunter, ohne ein Versteck zu finden.

Hilfesuchend schaute sie sich nach ihrer neuen Freundin um. Die aber war, ohne sich weiter um ihren Besuch zu kümmern, in ihr Loch verschwunden.

Sie zeigte sich erst wieder, als das Ungetüm hinausgegangen war und die Tür hinter sich zugemacht hatte.

Die Feldmaus hatte sich in eine Ecke verdrückt und zitterte noch immer am ganzen Körper.

Die Stadtmaus lachte:

„Nun gibt es keinen Grund mehr zur Sorge. Laß uns vergnügt sein und uns an den Leckerbissen gütlich tun."

Doch der Feldmaus war die Lust vergangen.

„Ich bin vor Angst fast gestorben", sagte sie. „Ich will lieber eine arme Feldmaus bleiben. Du hast keinen Augenblick Ruhe vor Ungetümen und Mäusefallen, ich aber bin auf meinem Acker sicher und brauche mich höchstens hin und wieder vor einer Katze zu verstecken. Leb wohl."

Das Unglück des Esels

Ein Löwe, ein Fuchs und ein Esel beschlossen eines Tages, zusammen auf die Jagd zu gehen.

Sie legten ein Netz aus, versteckten sich hinter einem Gebüsch und warteten auf das erste Opfer.

Es war ein Hirsch.

Der Löwe zerriß ihn, und dann sprach er:

„Großzügig wie ich bin, überlasse ich es dem Esel, die Beute zu teilen."

Der Esel freute sich über die Ehre und bemühte sich, drei gleiche Haufen zu bilden.

„Ihr könnt zuerst wählen", sagte er.

Doch wie erschrak er, als der Löwe plötzlich brüllte:

„Was fällt dir ein, dich und den Fuchs mit mir zu vergleichen."

Und bevor der Esel sich verteidigen konnte, packte ihn der Löwe und tötete ihn.

„Nun bist du an der Reihe, gerecht zu teilen", sagte er darauf zum Fuchs.

Der Fuchs brauchte nicht lange zu überlegen.

Er trug die drei Teile, die der Esel gemacht hatte, auf einen Haufen zusammen, dem Löwen vor die Pranken. Für sich behielt er nur einen winzigen Bissen.

Der Löwe nickte zufrieden.

„Mein bester Fuchs", sagte er, „wer hat dich so gut zu teilen gelehrt?"

„Das Unglück des Esels", sagte der Fuchs.

Fünf Ziegenböcke

Ein Metzger kaufte sich fünf Ziegenböcke, um sie nach und nach zu schlachten.

Die Tiere tummelten sich auf einer eingezäunten Wiese hinter dem Haus und machten sich keine Sorgen.

Doch eines Morgens erschien der Mann, ergriff einen von ihnen und zerrte ihn mit sich fort.

Da sagte jeder zu sich selber:

„Ach, wie gut, daß er nicht mich erwischt hat."

Bald kam der Metzger wieder und holte sich den nächsten.

Uns hat er in Ruhe gelassen, dachten die drei Übrig-gebliebenen, legten sich ins Gras und ließen sich von der Sonne bescheinen.

Als der Metzger zum drittenmal erschien, stoben sie auseinander, aber es war für den Metzger keine Kunst, einen von ihnen zu fangen und mit sich zu nehmen.

Die zwei zurückgebliebenen Ziegenböcke steckten den Kopf ins saftige Gras.

Wir sind noch einmal davongekommen, dachten sie.

Aber am Ende blieb auch ihnen nichts anderes übrig, als sich in ihr Schicksal zu ergeben, nämlich geschlachtet zu werden.

„Als wir noch alle fünf zusammen waren, wäre es uns ein Leichtes gewesen, dich mit gemeinsamer Kraft zu töten, aber jeder hat nur an sich gedacht", sagte der letzte zu dem Mann.

„Um nachzudenken und klug zu reden, mein Lieber, ist es zu spät", grinste der Metzger.

Platz genug

Auf einer Abfallgrube lag ein alter Stiefel.
Eines Tages lief eine Maus vorbei.
Was für eine schöne Wohnung, dachte sie.
Sie zog ein und machte es sich gemütlich.
Am folgenden Tag, als die Maus ausgegangen war, kroch
eine Schnecke vorbei.
Was für eine schöne Wohnung, dachte sie.
Sie zog ein und machte es sich gemütlich.
Als die Maus nach Hause kam, sagte die Schnecke:
„Das ist meine Wohnung."
„Nein, das ist meine Wohnung", schrie die Maus. „Ich war
vor dir da."
So stritten die Maus und die Schnecke den ganzen Tag hin
und her.
Was für ein Lärm, dachte ein Igel, der eben vorbei-
spazierte.
Schnell drängte er sich in den Stiefel hinein.
Er fraß zuerst die Maus und dann auch die Schnecke.
Was für eine schöne Wohnung, dachte er und machte es
sich gemütlich.
Platz war genug.

IX
FABELN
ZUM LACHEN UND
SCHMUNZELN

Der Hase und die Flinte

Ein Jäger legte sich am Waldrand zum Schlafen nieder.
Ein Hase wunderte sich über den Menschen, den er nur
aufrecht stehend kannte.
Neugierig hoppelte er näher. Als er sah, daß der Mann die
Augen geschlossen hielt und sich überhaupt nicht rührte,
verlor er seine Angst und tat sich an einem Apfel gütlich,
den der Mann in seiner Tasche hatte.
Plötzlich stieß er mit seinen Hinterläufen an eine Flinte,
die neben dem Jäger im Gras lag.
„Was wagst du es, meinen Herrn zu bestehlen und mich
sogar noch zu treten", knirschte die Flinte empört.
Der Hase lachte.
„Ich bin geladen", schrie die Flinte. „Weißt du denn nicht,
daß sich sogar Löwen und Tiger vor mir fürchten? Und du,
ein Angsthase, wagst es in meine Nähe zu kommen."
„Reg dich nicht auf", mümmelte der Hase und ließ sich
den Apfel weiter schmecken.
Die Flinte streckte sich vor Wut.
„Mein lieber Freund", fuhr der Hase fort, „deine
Drohungen sind leeres Geschwätz. Nicht dich brauche ich
zu fürchten, sondern nur den, der neben dir schläft. Ohne
ihn bist du nichts als ein dummer Prahler."
Die Flinte schwieg und ärgerte sich über den Schlaf ihres
Herrn, der es zuließ, daß sogar ein Hase ihn bestehlen und
sich über sie lustig machen konnte.

Die Maus und die Kröte

Eine verfolgte Maus kam auf ihrer Flucht zu einem Weiher.
Auf der anderen Seite wäre ich in Sicherheit, dachte sie.
„Was suchst du hier?" quakte eine Kröte.
„Ich möchte gern übers Wasser, aber ich weiß nicht wie",
sagte die Maus.
Die Kröte, die in der Nähe ihres Weihers nichts Fremdes
duldete, sagte zu der Maus:
„Binde deinen Fuß an meinem Schenkel fest. Dann will
ich dich hinüberziehen."
Die Maus dachte nichts Arges und tat, was die Kröte ihr
geraten hatte. Mit einer Schlingpflanze band sie sich an
der Kröte fest und sprang ins Wasser.
Kaum aber hatte sich die Kröte mit der Maus vom Ufer
entfernt, tauchte sie unter, um den Fremdling zu
ertränken.
Die Maus versuchte sich zu wehren, begann zu strampeln
und um sich zu schlagen. Das beobachtete ein Raubvogel,
der über dem Weiher seine Kreise zog.
Er schoß herab und packte die Maus.
Wie staunte er aber, als er nicht nur eine Maus, sondern an
ihr festgebunden auch eine Kröte aus dem Wasser zog.
Zuerst die Kröte, dachte der Raubvogel.
Und das gab der Maus Gelegenheit, doch noch davon-
zuspringen und sich zu retten.

Die Reise nach Amerika

An einem Weiher lebten zwei Enten und eine kleine Schildkröte. Hin und wieder erhoben sich die Enten in die Luft und flogen für eine Weile davon.

Wenn sie zurückkehrten, erzählten sie der kleinen Schildkröte, was sie alles erlebt hatten.

„Wo seid ihr denn gewesen?" fragte die kleine Schildkröte.

„In Amerika", flunkerten die beiden Enten.

„Ihr habt es gut", sagte die kleine Schildkröte. „Ihr habt Flügel. Ich dagegen muß einen schweren Panzer herumtragen. Ach, käme ich doch auch einmal nach Amerika."

Die beiden Enten überlegten, wie sie es anstellen könnten, der kleinen Schildkröte das Vergnügen des Fliegens zu machen.

Endlich hatten sie eine Idee.

Sie suchten nach einem dünnen, aber kräftigen Ast und befahlen der kleinen Schildkröte, sich daran festzubeißen.

„Aber hüte dich, deinen Mund aufzumachen, solange wir in der Luft sind."

Die kleine Schildkröte schlug ihre Zähne ins Holz.

Die Enten faßten den Ast je an einem Ende mit dem Schnabel und erhoben sich mit der kleinen Schildkröte in den Himmel hinauf.

Sie fand es großartig, die Welt von oben zu besehen.

„Kommt und schaut. Ein Wunder", hörte sie plötzlich eine Stimme von unten.

Die kleine Schildkröte war stolz, die erste ihrer Art zu sein, die fliegen konnte. Und als erst noch jemand schrie,

„das muß die Königin der Schildkröten sein", vergaß sie die Ermahnung der beiden Enten und antwortete:
„O ja, das bin ich."
Da plumpste sie mitten unter die Zuschauer, die sich am Ufer des Weihers versammelt hatten: Frösche, Bachstelzen, ein Sumpfhuhn, und was sich sonst noch alles an einem Weiher herumtreibt.
Von dem Sturz taten der kleinen Schildkröte alle Glieder weh. Doch zum Glück war sie auf einen Moosteppich gefallen, und ihr Panzer hatte sie vor Verletzungen bewahrt. Als die beiden Enten ihr anboten, das Experiment zu wiederholen, winkte die kleine Schildkröte ab und verkroch sich in ihre Schale. Es brauchte ihr niemand zu sagen, wer schuld daran war, daß die Reise nach Amerika zwar nicht ins Wasser, sondern auf die Erde gefallen war.

Der Löwe und der Hase

Ein kleiner Hase hatte sich erdreistet, die stolzen Gebärden eines Löwen nachzuahmen und die andern Tiere damit zum Lachen zu bringen.
„Ein Hase wagt es, mich zu verspotten", schrie der Löwe, als ihm sein Freund, der Tiger, davon erzählte. „Bringt ihn her. Er soll vor ein Gericht gestellt und bestraft werden."
Der Hase, der sich in einem Gebüsch versteckt hielt, wurde von zwei Hunden aufgegriffen und vor den Löwen gebracht.

Ein Wolf, ein Fuchs, ein Pferd und ein Elefant waren als Richter bestellt.

„Ein solcher Fall ist noch nie vorgekommen", brummte ein Bär, „ich bin gespannt, wie das Urteil lautet."

Unter den vielen Zuschauern wurde es mäuschenstill, als der Wolf endlich seine Stimme erhob und sprach:

„Ich schlage vor, dem Schuldigen das Herz aus dem Leib zu reißen."

„Einverstanden", sagte der Fuchs, „aber vorher soll ihm die Zunge herausgeschnitten werden."

„Ach", wieherte das Pferd, „zehn Schläge mit einer Haselrute sind für den Kerl Strafe genug."

Nun war der Elefant an der Reihe.

Er betrachtete den kleinen Hasen und meinte:

„Wenn einer von uns, ein Wolf, ein Fuchs oder ein Elefant, sich der gleichen Tat schuldig gemacht hätte, wäre ich mit dem Pferd einverstanden, aber ich glaube, die eben ausgestandene Angst ist für den Schlingel Strafe genug."

„Meinetwegen", knurrte der Löwe besänftigt. „Aber bevor wir ihn laufenlassen, soll er seine Kunst, mich nachzumachen, auch mir selbst vor Augen führen."

Zitternd versuchte der Hase vor dem Löwen auf und ab zu stolzieren, den Kopf zu schütteln, als ob er eine Mähne trüge, und auch zu knurren.

Da mußte der Löwe so laut über sich selber lachen, daß er am Ende zu den Richtern sagte:

„Geht und holt ihm ein paar frische Rüben. Er hat sie verdient."

109

Die Schwächen der Mächtigen

Ein Löwe, ein Tiger, ein Wolf und ein Fuchs saßen am Waldrand und räkelten sich in der Sonne.

Der Löwe hatte einen Hirsch verschlungen, der Tiger ein Fohlen, der Wolf ein Schaf und der Fuchs einen Hasen.

Sie waren gut gelaunt, satt und zufrieden.

Plötzlich aber sprang der Löwe auf und schlug mit seiner Pranke nach einer Fliege, die sich erlaubte, vor seiner Nase einen Tanz aufzuführen und dazu noch laut zu summen.

Der Tiger, der Wolf und der Fuchs wunderten sich, daß es einer Fliege gelang, den stolzen Löwen aus der Ruhe zu bringen.

„Ach", meinte der Löwe, „das Gesumme einer Fliege macht mich halb verrückt. Auch wir Mächtigen haben unsere kleinen Schwächen."

„Ja, da hast du recht", gab der Tiger zu. „Wenn ich das Krächzen eines Raben höre, sträuben sich mir die Haare vor Entsetzen."

„Und mir jagt schon der Anblick einer Spinne einen Schauder über den Rücken", lachte der Wolf.

„Um eine Gänsehaut zu bekommen, genügt bei mir das Pfeifen einer Maus", bekannte der Fuchs.

„Ein Glück, daß uns niemand zuhört", knurrte der Löwe. Doch er täuschte sich.

Es war eine Maus, die nun zufrieden in ihr Loch verschwand, nicht weil ihr Pfeifen dem Fuchs auf die Nerven ging, sondern weil sie endlich zu verstehen glaubte, warum sie vor jeder Katze davonlief.

110

Die Katze, die sich in einen Mann verliebt

Eine Katze verliebte sich eines Tages in einen hübschen Mann.

Sie strich den ganzen Tag um seine Beine herum, schmeichelte und schnurrte und versuchte ihn mit ihren Augen zu betören.

Doch der Jüngling beachtete die Katze kaum.

Ach, dachte sie, hätte ich doch Menschengestalt. In ihrer Verliebtheit bat sie den Schöpfer, sie doch in eine junge schöne Frau zu verwandeln. Der Schöpfer erfüllte der Katze den Wunsch.

Als der Mann die Frau erblickte, gefiel sie ihm so gut, daß er sie bat, seine Frau zu werden.

Am Hochzeitstag, genau in dem Augenblick, als sie sich ewige Treue gelobten, erblickte die Katze plötzlich eine Maus, die neugierig aus ihrem Loch herausguckte.

Da konnte sich die Braut nicht zurückhalten, sprang auf die Maus zu und versuchte sie zu packen.

Die Hochzeitsgäste und der Bräutigam aber sahen verwundert, wie sich die Braut vor ihren Augen in eine Katze verwandelte und auch eine Katze blieb.

111

Der Jäger und das Hühnchen

Ein Hühnchen, das von einem Adler verfolgt wurde, konnte sich im letzten Augenblick in eine Höhle retten. Aber als es sich von seinem Schrecken erholen wollte, starrten ihm die Augen eines Fuchses entgegen. Er packte das zitternde Federtier und machte sich daran, es aufzufressen.

In diesem Augenblick lief ein Jäger an der Höhle des Fuchses vorbei und hörte das verzweifelte Gackern des Hühnchens.

Der Jäger befreite das Tier und steckte es in seine große Tasche.

Nun mußte der Fuchs vor Angst zittern. Er versuchte zu entfliehen, doch der Jäger erschoß ihn und traf zuletzt auch den Adler, der immer noch über der Höhle kreiste und auf eine Beute hoffte.

Mit dem Hühnchen in der Tasche kehrte der Jäger nach Hause zurück, schlug ihm den Kopf ab, rupfte es gründlich und steckte es an einen Spieß, um es zu braten.

Doch die Fabel ist noch nicht zu Ende.

Als der Jäger das gebratene Hühnchen verzehrte, blieb ihm eines seiner Knöchelchen im Halse stecken. Und weil weit und breit niemand in der Nähe war, ihm zu helfen, erging es ihm nicht besser als dem Hühnchen, dem Fuchs und dem Adler.

X
FABELN
GEGEN VORURTEILE
UND ÜBER DEN MUT,
ETWAS ZU WAGEN

Der Knabe und die Schlange

Ein Junge spielte mit einer Schlange.

„Das würde ich nicht tun", lachte er, „wenn man dir deine Giftzähne nicht gezogen hätte. Ihr seid falsche und böse Geschöpfe. Kennst du die Geschichte des Bauern, der an einem kalten Herbstmorgen am Waldrand eine erstarrte Schlange fand?"

„Ja", sagte die Schlange, „ich kenne die Geschichte."

„Aus Mitleid hob er sie auf und legte sie an seine Brust", fuhr der Junge fort, „aber als sie von der Wärme wieder lebendig wurde, biß sie ihren Wohltäter, und er mußte sterben."

„Ich staune", sagte darauf die Schlange, „bei uns Schlangen wird die Geschichte anders erzählt."

„Wie denn?" fragte der Junge neugierig geworden.

„Ein Bauer fand an einem kalten Herbstmorgen am Waldrand eine erstarrte Schlange. ‚Ich will sie mitnehmen und ihr zuhause die schöne Haut abziehen', sagte er. ‚Schlangenleder ist kostbar und läßt sich verkaufen.' Da blieb der Schlange, die an der Brust des Mannes aus ihrer Erstarrung erwacht war, nichts anderes übrig, als ihn aus Notwehr zu beißen."

Der Junge hatte aufmerksam zugehört und merkte, daß auch Geschichtenerzähler parteiisch sind und daß es darauf ankam, von welcher Seite sie eine Sache betrachteten.

„Diese beiden Geschichten will ich mir merken", sagte er zu der Schlange und wunderte sich, daß er sie plötzlich weder falsch noch böse fand.

Das Schaf und die Schwalbe

Auf einer Weide lag ein Schaf in der Sonne und freute sich seines Lebens.

Da flog eine Schwalbe herbei, setzte sich auf seinen Rücken und riß ihm ein Büschel Wolle aus dem Fell.

Das Schaf sprang unwillig auf.

„Was fällt dir ein?" blökte es.

„Ach", sagte die Schwalbe, „ich bin eben dabei ein Nest zu bauen."

„Aber bitte, nicht mit meiner Wolle", sagte das Schaf.

Die Schwalbe schüttelte den Kopf.

„Das verstehe ich nicht", sagte sie. „Wenn die Menschen dich scheren, tust du keinen Wank und mir gönnst du nicht eine kleine Flocke. Woher kommt das nur?"

„Das kann ich dir sagen", meinte das Schaf. „Es geht nicht um die Wolle, sondern um die Art, wie man sie mir nimmt. Merk dir das."

Ich bin, wie ich bin

An einem Weiher saß ein kleiner Frosch. Er tummelte sich im Wasser, fing Mücken und war vergnügt.

Da kamen drei Kinder daher.

„Schaut den hübschen Frosch", rief das erste.

„Ich finde ihn eklig", meinte das zweite.

„Er ist nützlich", meinte das dritte.

Sie wollten ihn fangen, um ihn aus der Nähe zu betrachten. Doch bevor sie ihn fassen konnten, war der kleine Frosch im Wasser verschwunden.

Auf der anderen Seite des Weihers tauchte er wieder auf.

Er setzte sich auf ein Seerosenblatt und rührte sich nicht.

„Was fehlt dir?" fragte ein alter Hecht, der sich unter der Wasseroberfläche an der Sonne wärmte.

Der kleine Frosch seufzte.

„Bin ich hübsch? Bin ich eklig? Bin ich nützlich?" fragte er den alten Hecht.

„Du bist, wie du bist", sagte der alte Hecht. „Und wem es nicht paßt, der muß es bleiben lassen."

Da hüpfte der kleine Frosch ins Wasser zurück.

Er wollte sich den Kindern noch einmal zeigen.

„Ich bin, wie ich bin", rief er ihnen zu.

Auch wenn er noch ein Leben lang Zeit brauchte, um es herauszufinden, fühlte er sich so wohl in seiner Haut wie noch nie.

Von einem Wolf, der lieber hungert

Es war einmal ein Wolf, dem vor Hunger die Knochen aus dem Leib standen.

Es war Winter.

Auf der Suche nach Futter begegnete er einem wohlgenährten Hund.

„Ich bin stärker als du. Und trotzdem sterbe ich beinahe vor Hunger", sagte der Wolf. „Wie kommst du nur zu deinem Fett?"

Der Hund fühlte sich geschmeichelt.

„Wenn du meinem Herrn die gleichen Dienste leistest wie ich, kannst du es genauso gut haben. Fleisch und Knochen soviel du willst, ohne große Mühe einen vollen Bauch."

„Was sind das für Dienste?" fragte der Wolf neugierig.

„Ich bewache das Tor und schütze den Hof vor Dieben", antwortete der Hund. „Komm mit mir."

Bei Schnee und Kälte ist es sicher auch für einen Wolf nicht übel, unter einem Dach zu leben, dachte der Wolf.

Aber als sie nebeneinander herliefen, entdeckte der Wolf am Hals des Hundes eine Wunde.

„Wer hat dir die Verletzung beigebracht?" fragte er.

„Ach, nicht der Rede wert", sagte der Hund.

Doch der Wolf hörte nicht auf zu fragen.

Endlich gab der Hund kleinlaut zu:

„Das ist von der Kette, an die mein Meister mich bindet."

„Dann genieße dein Essen allein", sagte der Wolf.

„Ich habe lieber Hunger und bin dafür frei und mein eigener Herr."

Der Affe und die Bescheidenheit

Es war einmal ein kleiner Affe, der so gut klettern konnte, daß er von allen Tieren bewundert wurde.

Der kleine Affe schämte sich auch nicht, sich seiner Kunst zu rühmen.

Seine Mutter ärgerte sich darüber.

Es verging kaum ein Tag, an dem sie den kleinen Affen nicht ermahnte, bescheidener zu werden.

„So zeige mir jemanden, der bescheiden ist", sagte der kleine Affe.

Er konnte niemanden finden.

Der Tiger rühmte sich seiner Kraft. Der Fuchs prahlte mit seiner Schlauheit. Der Pfau war stolz auf seine Schönheit…

Da kam endlich eine Schlange daher.

„Nimm dir doch an der Schlange ein Beispiel", sagte die Mutter.

Ach, dachte der kleine Affe, dann muß ich in Zukunft vor den anderen auf dem Boden herumkriechen. Das wird mir schwerfallen.

Im gleichen Augenblick hüpfte ein Hase aus dem Gebüsch. Die Schlange hob ihren Leib zu einem Buckel, und mit einem zischenden Laut grub sie dem Hasen ihre giftigen Zähne in den Nacken. Danach verschlang sie ihn mit Haut und Haaren.

Der kleine Affe erschrak zu Tode.

„Wenn das Bescheidenheit ist", sagte er zu seiner Mutter, „dann will ich mich lieber weiterhin meiner Kletterkunst freuen."

Die Mutter brauchte eine Weile, um über die Geschichte nachzudenken, doch dann sagte sie:
„Ich muß dir recht geben."
Da wußte der kleine Affe, was Bescheidenheit war. Nicht die kriechende Schlange, sondern die Mutter hatte es ihn gelehrt. Sie konnte zugeben, daß sie sich getäuscht hatte.

Der Fuchs und der Löwe

Eine Fuchsmutter gab sich große Mühe, ihr Kind vor den vielen Gefahren des Lebens zu bewahren.
Vor allem warnte sie es vor dem Löwen.
„Keiner ist so schrecklich und grausam wie er", sagte sie.
„Sobald du ihn siehst, lauf schnell davon."
Der kleine Fuchs wurde neugierig.
Ich habe keine Angst, dachte er. Ich will ihn kennenlernen.
Doch als der kleine Fuchs das mächtige Tier eines Tages von weitem erblickte, lief er so schnell er konnte davon.
Außer der Mähne hatte er nichts von dem Löwen gesehen.
Wäre ich doch wenigstens einen Augenblick stehengeblieben, dachte er.
Ein paar Tage später begegnete der kleine Fuchs dem Löwen zum zweitenmal. Doch als der Löwe plötzlich zu brüllen begann, machte der kleine Fuchs kehrt und versteckte sich in einem Gebüsch. Ich habe seine Mähne gesehen und habe sein Brüllen gehört, dachte der kleine Fuchs, aber ich kenne ihn immer noch nicht.

Als er dem Löwen zum drittenmal begegnete, nahm der kleine Fuchs all seinen Mut zusammen. Er rührte sich nicht, bis der Löwe vor ihm stand.

Der Löwe, der es gewohnt war, daß die Füchse vor ihm flüchteten, wunderte sich.

Bald begannen sie ein vertrauliches Gespräch und verstanden sich so gut, daß der kleine Fuchs seine Angst verlor und der Löwe nicht die geringste Lust verspürte, ihn zu verschlingen.

Als die alte Füchsin von dieser Begegnung erfuhr, schlug sie die Pfoten über dem Kopf zusammen. Der kleine Fuchs hatte dank seiner Neugier einen ihrer kühnsten Träume wahr gemacht.

Der fliegende Fuchs

Ein kleiner Fuchs konnte nicht genug davon bekommen, den Vögeln zuzuschauen. Sie tummelten sich auf den Bäumen, und wenn sie Lust hatten, flogen sie einfach davon.

„Ich will fliegen", sagte er eines Tages zu seinen Eltern.

„Was fällt dir ein", lachte seine Mutter.

Der Vater machte sich Sorgen.

„Was für eine wahnwitzige Idee", sagte er.

Doch schon am nächsten Tag kam der kleine Fuchs wieder: „Ich will fliegen."

Die Mutter schlug die Pfoten über dem Kopf zusammen.

Der Vater wurde ernsthaft böse.

„Du willst fliegen und kannst noch kaum richtig gehen", rief er.

Der kleine Fuchs ließ sich nicht einschüchtern.

„Ich will fliegen", sagte er auch am dritten Tag.

„Und wo willst du denn die Flügel hernehmen?" fragte die Mutter.

„Und wo den Mut?" spottete der Vater.

„Das laßt meine Sorge sein", sagte der kleine Fuchs.

Vor der Höhle der Fuchsfamilie lagen Hühnerfedern haufenweise.

Er bastelte sich daraus ein Paar Flügel und band sie sich auf den Rücken.

Dann kletterte er auf eine Tanne hinauf und sprang in die Luft.

„Mein armer Junge", sagte die Mutter, als der kleine Fuchs

genau vor ihre Füße plumpste und sich dabei an einer Wurzel ein Bein verletzte.

„Geschieht ihm recht", brummte der Vater. „Und nun erzähl, wie gefällt dir das Fliegen?"

„Das Fliegen", meinte der kleine Fuchs, „das Fliegen war wunderbar, nur das Landen ist mir noch nicht gelungen."

„Die Lust am Fliegen scheint dir nun wohl vergangen?" meinte der Vater.

„Nein", lachte der junge Fuchs, „morgen werde ich es wieder versuchen."

Äsop und der Esel

Im sechsten Jahrhundert vor Christus lebte in Griechenland ein Geschichtenerzähler namens Äsop.

In seinen Fabeln war der Fuchs meistens ein schlauer Geselle, der Wolf ein Räuber, der Löwe ein König, die Katze ein falsches Wesen und der Esel ein Dummkopf.

„Der Mann wirft alle in einen Topf", klagte der Esel und beschloß eines Tages, sich nicht beim lieben Gott, sondern beim Dichter selbst zu beschweren.

„I-aaa. I-aaa", schrie er. „Hör auf meine schöne Stimme und schau dir meine prachtvollen Ohren an. Laß mich in deinen Geschichten endlich auch einmal etwas Kluges sagen oder etwas Großes tun."

Äsop schaute den Esel nachdenklich an.

„Dich soll ich etwas Kluges sagen lassen?" lachte er.

„Mein lieber Esel, dann würden alle glauben, nicht du, sondern ich sei der Esel."

Nach diesen Worten hatte der Esel keine Lust mehr, mit Äsop zu diskutieren und beschloß, ihn bei der Regierung anzuzeigen.

Doch als er mit einigen der hohen Herren gesprochen hatte, war er überzeugt, daß Äsop in seinen Geschichten nicht ihn, sondern nur sie meinen konnte.

„I-aaa. I-aaa", wieherte er und beschloß, wenn auch ungern, seine undankbare Rolle weiterhin in Kauf zu nehmen.

XI
FABELN
VON MENSCHEN UND PFLANZEN
UND VON DER WEISHEIT
DES SCHÖPFERS

Der Weinstock

Als Gott die Bäume erschaffen hatte, herrschte große Freude unter ihnen.

„Der Herr hat mir Stärke und Wohlgeruch geschenkt", rühmte die Zeder.

„In mir vereinen sich Schönheit und Biegsamkeit", frohlockte die Palme.

„In meinem Blütenkleid gleiche ich einer Braut", freute sich der Apfelbaum.

„Gott hat meinen Wurzeln Festigkeit und meinen Früchten Nutzen verliehen", sang der Olivenbaum.

Auch die Tannen und Buchen und Lärchen waren mit den Gaben, die der Schöpfer ihnen verliehen hatte, zufrieden.

Nur ein unscheinbarer knorriger Stock, nicht größer als eine Faust, duckte sich und sagte:

„Mich scheint Gott vergessen zu haben. Ich besitze weder einen Stamm noch Äste, weder Blüten noch Früchte. Was kann Gott nur mit mir im Sinne haben?"

Bald darauf kamen ein Mann und eine Frau des Weges.

„Da ist jemand, der Hilfe braucht", sagten sie.

Sie holten eine Stütze und steckten sie neben dem Weinstock in die Erde. Da begann er sich mit seinen schwachen Trieben daran festzuhalten und emporzuklettern, der Sonne entgegen.

Im Herbst, als die anderen Bäume ihre Kräfte in die Wurzeln zurückzogen, entdeckten sie plötzlich, daß aus dem unscheinbaren knorrigen Nichts eine Rebe geworden war, voller Laub und mit Früchten, aus denen die

Menschen lernten, sich einen köstlichen Saft zu keltern. Von neuem lobten sie Gott und dankten ihm, daß sich keiner zu sorgen brauchte.

Er hatte nichts und niemanden vergessen.

Das Schilfrohr und die Tanne

In der Nähe eines Flusses wuchs eine Tanne. Ein besonderes Vergnügen bereitete es ihr, sich über ein Schilfrohr lustig zu machen, das am Ufer im Wasser stand.

„Wie schwach du bist", spottete die Tanne. „Der kleinste Windhauch genügt, dich in Bewegung zu bringen."

Das Schilfrohr wehrte sich nicht und schwieg.

Bald darauf erhob sich ein Sturm.

Als der Sturm vorüber war, lag die Tanne ausgerissen auf der Erde, das Schilfrohr aber schaukelte wie zuvor sanft im Windhauch hin und her.

Der Baum hatte sich dem Sturm entgegen gestemmt und war daher von seiner Gewalt besiegt worden, das Schilfrohr aber, das seinen Stößen nachgegeben hatte, war unversehrt geblieben.

Die Tanne und der Apfelbaum

Neben einem Apfelbaum wuchs auch eine Tanne. Es war Platz genug für beide.

Im Frühling kamen zwei Kinder des Weges. Ohne die Tanne eines Blickes zu würdigen, setzten sie sich unter den blühenden Apfelbaum. Seine Krone war mit Tausenden von Blüten übersät.

„Ist er nicht wunderbar?" sagten die Kinder.

Da flüsterte der Apfelbaum der Tanne zu:

„Was bist du im Vergleich zu mir? Ein langweiliges Nichts."

„Warte", sagte die Tanne.

Im Herbst begannen sich die Blätter des Apfelbaums zu verfärben. Der Sturm fegte über das Land, riß das Laub von den Bäumen, und bald stand der Apfelbaum da, nackt und bloß.

Der Tanne aber vermochte der Wind auch nicht eine ihrer Nadeln zu rauben.

Im Winter kamen die beiden Kinder wieder des Weges. Ohne den Apfelbaum zu beachten, setzten sie sich unter die Tanne. Sie war mit Tausenden von Schneekristallen geschmückt, die sich in der Sonne spiegelten.

„Ist sie nicht wunderbar?" sagten die Kinder.

Da flüsterte die Tanne dem Apfelbaum zu:

„Was bist du im Vergleich zu mir? Ein kahles, armseliges Nichts."

„Warte", sagte der Apfelbaum.

Da schauten sie sich lange an, berührten sich mit ihren Wurzeln und wurden Freunde.

Stein und Meißel

Ein großer und schöner Stein konnte nicht verstehen,
warum er von einem Meißel und einem Hammer
geschlagen wurde.
„Ich habe niemandem etwas zuleide getan", sagte der Stein
zum Meißel. „Warum quälst du mich?"
„Habe Geduld", sagte der Meißel.
Doch der Stein fuhr fort sich zu beklagen:
„Sicher hast du mich irrtümlich ausgewählt. Höre auf, mich
zu plagen."
Da sagte der Hammer:
„Warte."
Darauf wurde der Stein still und hielt die Schmerzen
geduldig aus.
Und eines Tages erwachte er als neues Wesen.
Es war ein Kunstwerk aus ihm geworden.

Streichholz und Kerze

„Ich habe den Auftrag, dich anzuzünden", sagte das
Streichholz zur Kerze.
„Bitte, laß mich in Ruhe", wehrte sich die Kerze. „Siehst du
denn nicht, wie schön ich bin?"
„Das stimmt", meinte das Streichholz, „du bist schön, aber
noch schöner bist du, wenn du brennst."
„Brennen tut bestimmt weh", sagte die Kerze.

„Aber es ist deine Aufgabe zu brennen, wie es meine ist,
dich anzuzünden."
„Wenn ich verbrannt bin, was bleibt von mir? Dann bin ich
aufgezehrt und tot."
„Aber du hast Licht gespendet und deine Wärme
verschenkt. Du hast gelebt. Tot bist du jetzt."
„So zünde mich an", sagte die Kerze voller Erwartung.

Zum Glück bin ich kein Elefant

Eines Tages ließ der Schöpfer die Tiere vor seinen Thron
kommen und bat sie, sich miteinander zu vergleichen.
„Wer an seiner Gestalt etwas auszusetzen hat, soll es tun.
Dann will ich versuchen, ihm zu helfen", sprach er.
Zuerst wandte er sich an den Affen.
Doch der Affe dachte nicht daran, sich selbst zu
betrachten, sondern schaute in die Runde. Sein Blick blieb
an einem Bären hängen.
„Wie grob er ist", rief der Affe. „Wie froh bin ich, kein Bär
zu sein."
„Schweig", brummte der Bär, der neben einem Elefanten
stand. „Zum Glück bin ich kein Elefant. Schaut euch seine
Ohren an, seine dicken Beine und den lächerlichen
Schwanz."
Der Elefant wehrte sich und zeigte auf den Walfisch, der so
schwer und plump war, daß er sich kaum bewegen konnte.
Bald darauf waren die Tiere nur noch darauf bedacht, jedes

an seinem Nächsten etwas auszusetzen und einander zu
verspotten.

Die Amsel lachte über einen winzigen Käfer, das Pferd
über einen Esel, die Katze über eine Maus und so fort.

Da wurde der Schöpfer traurig und hatte keine Lust mehr,
an der Vielfalt, die er geschaffen hatte, etwas zu ändern.
Er führte die Tiere zu einem Weiher und gab ihnen den
Rat vor den anderen, sich einmal selbst zu betrachten.

Das Schaf und die Freiheit

Ein kleines Schaf hatte genug davon, immer in einer
Herde mitzulaufen, von einem Schäfer eingepfercht und
von einem Hund bewacht zu werden.

Eines Tages lief es davon.

Im Wald traf es einen Hirsch.

„Hast du dich verlaufen?" fragte er besorgt.

„Nein", antwortete das Schaf. „Ich habe es satt, von den
Menschen ausgenutzt zu werden. Erklär mir, mit welchem
Recht der Schäfer mich in seine Dienste stellt und warum
ich nicht die gleiche Freiheit genießen soll wie du?"

„Weil du anders bist als ich", sprach der Hirsch.

„Warum soll ich anders sein als du?" fragte das Schaf
empört.

In diesem Augenblick ertönte ein Knacken im Geäst.
Der Hirsch hob seinen Kopf, und ohne dem Schaf zu
antworten, sprang er in riesigen Sätzen davon.

Zwischen den Baumstämmen erschien ein Wolf auf der
Suche nach einer Beute.
Das kleine Schaf hatte Glück, daß der Wolf es übersah und
den Spuren des Hirsches folgte.
Als es nach Hause kam, begannen die anderen Schafe vor
Freude zu blöken, der Hund bellte, und der Schäfer nahm
es auf die Arme.
Der Schöpfer hat mir weder flinke Beine noch Hörner,
noch Kraft geschenkt, dafür Milch und Wolle, dachte das
kleine Schaf und war zufrieden, auf seine Art frei zu sein.

133

Der Schöpfer und das Schaf

Eines Tages trat das Schaf vor den Schöpfer.

„Ich habe von allen Tieren am wenigsten bekommen, um mich zu wehren", klagte es. „Ich habe deswegen viel zu leiden."

Der Schöpfer betrachtete das Schaf, und dann sprach er: „Es stimmt. Ich will dir helfen. Soll ich deine Füße mit scharfen Krallen rüsten?"

Das Schaf erschrak:

„Ich will mit wilden Tieren nichts gemeinsam haben."

Der Schöpfer überlegte:

„Ich könnte dir zwei Giftzähne schenken."

„Dann werden sich alle vor mir fürchten und mich hassen wie die Schlange", meinte das Schaf.

„Was soll ich dir denn geben?" fragte der Schöpfer milde.

„Möchtest du zwei Hörner auf deiner Stirne tragen?"

„Ich fürchte, dann werde ich stoßen wie ein Bock, unter dem ich so oft zu leiden habe."

„Aber wenn du willst, daß andere sich vor dir fürchten, mußt du wie sie etwas haben, womit du ihnen weh tun kannst."

Das Schaf seufzte.

„Wenn ich die Möglichkeit habe, anderen weh zu tun, würde ich vielleicht Freude daran bekommen. Aber ist es nicht besser, Unrecht zu leiden als Unrecht zu tun?
Laß mich wie ich bin."

Der Schöpfer lächelte, nahm das Schaf auf die Arme und segnete es.

Die Nachtigall

In einem tiefen Wald wohnte eine Nachtigall. Jeden
Abend, wenn die Dämmerung hereinbrach und der Mond
am Himmel erschien, begann sie wunderbar zu singen.
Doch da war niemand, der ihr zuhörte. Die anderen Tiere
hatten mit sich selbst zu tun, und nie hatte sich ein
Mensch in ihre Nähe verirrt.
Eines Abends kam eine Eule vorbei.
„Du singst tatsächlich schöner als alle anderen Vögel", sagte
sie, „aber was hast du denn davon, wenn dir niemand
zuhört und dich für deine Kunst lobt?"
„Wer soll mich denn loben und warum?" fragte die Nachti-
gall verwundert. Ohne eine Antwort abzuwarten, sang sie
voller Inbrunst weiter.
Da flog die Eule davon und wußte, weise wie sie war, daß
die Nachtigall zur eigenen Freude sang und daß ein
Geschenk des Schöpfers seinen Lohn in sich selber findet.

Der Apfelbaum

Ein alter Mann pflanzte im Frühling einen Apfelbaum.
Im Sommer, als es heiß wurde, ging er jeden Tag hin, um
ihn zu gießen. Im Herbst, als die Stürme über das Land
brausten, band er ihn an einen Stecken. Im Winter, als die
Waldtiere an den jungen Bäumen nagten, schützte er ihn
mit einem Hag.

Die Enkelin des Mannes sah ihm bei der Arbeit zu und wunderte sich über ihn:

„Großvater, warum gibst du dir soviel Mühe mit dem kleinen Baum? Wenn er Früchte trägt, wirst du schon lange tot sein. Dann hast du nichts von deiner Sorge und deinem Fleiß."

Da nahm der Großvater das Kind auf seinen Schoß und sagte zu ihm:

„Du hast recht. Ich habe nichts mehr davon, aber die Kinder meiner Kinder. Nämlich du."

Zu diesem Buch

Seit Jahrhunderten gehört die Fabel zur Weltliteratur und ist, wie das Märchen, auch eine ihrer Quellen. Die Fabel gründet sich, so meint Jacob Grimm, „auf jenen dauerhaften Boden jedweder epischen Dichtung, auf unerdenkliche, lang hingehaltene, zähe Überlieferung, die mächtig genug war, sich ... dem wechselnden Laufe der Zeit anzuschmiegen."

Seit dem 18. Jahrhundert sind Fabeln auch ein fester Bestandteil der Literatur für Kinder. Für die ‚aufgeklärten‘ Pädagogen jener Zeit waren sie eine ideale Geschichte ‚zur Unterhaltung und Belehrung‘. Da diese Belehrung mit erhobenem Zeigefinger ausgesprochen wurde, kam am Ende noch das moralisierende Sprichwort dazu. Das mag einer der Gründe sein, warum die Fabel in unserer Zeit an Beliebtheit verloren hat und in neueren Lesebüchern nur noch selten zu finden ist.

Es ist nicht zu leugnen, die Fabel hat mit Moral zu tun. Doch daran scheint mir auch heute nichts Schlechtes zu sein. Jede gute Geschichte hat eine Moral, es kommt nur auf die Form an, in der sie vermittelt wird.

Die Fabel bedient sich oft des Witzes. Wie das Kabarett stärkt sie mit Humor und Ironie das Urteilsvermögen und ruft zur Selbsterkenntnis auf.

Heinrich Wolgast, der durch sein Buch „Vom Elend unserer Jugendliteratur" (1986) berühmt geworden ist, sieht die Bedeutung der Fabeln für Kinder vor allem in der anschaulichen Form, in der in ihnen die einfachen Grundlinien der menschlichen Natur festgehalten werden: „Das Tier ist dem Kinde das interessanteste Ding in seiner Welt; ihm kann es all sein Fühlen und Wollen andichten. Es ist ihm wie ein Mensch, und wenn das Tier der Fabel spricht, so liegt das ganz in der Richtung der kindlichen Auffassung."

Die sprachliche Form der Fabel ist kurz und prägnant. Wenn sie ihre Wirkung nicht verlieren soll, darf sie, auch wenn sie Kindern erzählt wird, nicht ausgeschmückt, wohl aber als Spiegel des menschlichen Charakters und der Gesellschaft verändert werden.

Die in der Fabel geschilderten menschlichen Eigenschaften scheinen sich zwar über Jahrhunderte erhalten zu haben, nur werden sie je nach den gerade herrschenden Gesellschaftsordnungen und Erziehungstendenzen anders bewertet.

So wurden vor allem die Fabeln des Äsop (6. Jh. v. Chr.) von unzähligen Autoren immer wieder an die jeweiligen – auch politischen – Verhältnisse ‚angepaßt' und neu geschrieben, von La Fontaine, Marie de France, Hans Sachs, Gellert, Lessing, Pestalozzi, Goethe, um nur einige der bekanntesten zu nennen.

Ich habe die in diesem Buch gesammelten Fabeln in den vorhandenen Fassungen miteinander verglichen und sie, wie meine Vorgänger, nicht nur sprachlich, sondern – wenn es mir sinnvoll und zeitgemäß erschien – auch inhaltlich verändert oder mit neuen Pointen versehen.

Eine Anzahl stammt auch aus meiner eigenen Feder.

Ich habe sie, ohne eigens zu kennzeichnen, den andern beigefügt.

Wenn die eine oder andere der hier versammelten Fabeln und Parabeln in dieser neuen Form, auch ohne meinen Namen, zum Volksgut würde, wäre das das Beste, was mir als Autor passieren könnte.

Max Bolliger

Max Bolliger, geb. 1929 in Glarus (Schweiz), studierte nach seiner Tätigkeit an verschiedenen Dorfschulen Heilpädagogik und Psychologie und unterrichtete 10 Jahre lang als Sonderschullehrer. Er lebt in der Nähe von Zürich und schreibt seit über 30 Jahren vorwiegend Kinderbücher. Für seine Arbeit erhielt Max Bolliger zahlreiche Literaturpreise; so wurde er 1966 mit dem Kinderbuchpreis im Rahmen des Deutschen Jugendbuchpreises für seine Erzählung „David" und 1973 für sein Gesamtwerk mit dem Schweizer Jugendbuchpreis ausgezeichnet.

Andreas Röckener, geboren 1956 in Drensteinfurt bei Münster, lernte Tischler, bevor er die Fachoberschule und dann die Fachhochschule besuchte. 1984 schloß er sein Studium als Grafik-Designer an der Fachhochschule für Gestaltung in Hamburg ab. Seitdem arbeitet er als Bilderbuchmacher und Illustrator. Für „Schnüffelratz und Feuerkäse", erschienen bei Beltz & Gelberg, erhielt er 1987 den Troisdorfer Bilderbuchpreis.

Die Deutsche Bibliothek – CIP-Einheitsaufnahme

Bolliger, Max:
Der Drache und der Hase: Fabeln / ganz neu erzählt
von Max Bolliger.
Mit Bildern von Andreas Röckener. –
Ravensburg: Maier, 1993
(Lies mir was vor!)
ISBN 3-473-37343-5
NE: Röckener, Andreas [Ill.]

5 4 3 2 1 97 96 95 94 93

© 1993 by Ravensburger Buchverlag Otto Maier GmbH
Umschlag: Andreas Röckener
Gesamtherstellung: Appl, Wemding
Printed in Germany
ISBN 3-473-37343-5

Religiöse Geschichten
von Max Bolliger
in den Ravensburger Taschenbüchern

RTB 896

RTB 46

RTB 94

RTB 130

RTB 231

RTB 1785

Manfred Mai   **111 Minutengeschichten**
126 Seiten mit 9 farbigen und 31 s/w Abbildungen
von Detlef Kersten
ISBN 3-473-37342-7

Geschichten von Kindern und Erwachsenen,
von Lehrern und Schülern,
von Freundschaft und Streit,
vom Sich-Verstehen und Sich-nicht-Verstehen,
Alltagsgeschichten und Märchen,
komische Geschichten und eher traurige,
geflunkerte und ehrlich wahre –
111 genau, und keine länger
als 1 Minute Vorlesezeit!